2024

9 대 테마

투자 트렌드

가장 빨리 내다보는 미래 핵심 이슈와 투자 전략

2024

9대 테마
투자 트렌드

상상인증권 리서치센터 지음

한스미디어

상상인증권 리서치센터는 투자자와 일반 경제 참가자분들을 위해 2024년 산업 트렌드를 전망하고자 합니다.

2024년은 '정치와 선거의 해'라고 불립니다. 그만큼 정치, 경제 및 금융시장을 둘러싼 대내외 불확실성이 커질 수 있다는 우려 속에서 나온 표현입니다. 선거 일정은 불가피하나, 그 속에서 산업 트렌드는 가야 할 길을 갈 것이고, 금융 및 자산 시장의 투자자는 산업의 변화 속에서 옥석 가리기에 여념이 없을 것입니다. 세상의 변화는 가히 놀라울 정도로 빠릅니다. 단기적인 변화 부분을 예측하는 것은 불가능합니다. 결국 시장에서 승리하기 위해서는 중장기적 시각을 통해 미리 준비하고 차분히 기다리는 자세가 필요하겠습니다.

상상인증권 리서치센터의 애널리스트들이 금융시장 참가자분들에게 실질적인 투자 혜안을 드리고자 이번 출판 작업을 하였습니다. 이 책을 통해 상상인그룹 구성원들뿐만 아니라 경제 및 금융시장에서 유익한 투자 마인드를 공유함으로써 한국 금융시장 발전에 더욱 도움이 되기를 바랍니다.

㈜상상인 대표이사 유준원

팬데믹 이후 통화 및 재정 정책 등에 의해 촉발된 인플레이션이 서서히 잠잠해지고 있습니다. 이에 드디어 연준의 긴축 통화정책에도 변화가 기대되는 2024년이 도래했습니다.

긴축 통화정책 속에서도 2023년 한국 증시는 테마주에 방향성이 좌우되는 모습을 보였습니다. 챗GPT로 인한 생성 AI 테마에 이어서 2차전지, 비만 치료제와 로봇 등이 그 바통을 주거니 받거니 하였습니다. 그 무엇 하나 경시할 수 없는 중요한 이슈들입니다. 한국 및 글로벌 경제의 성장을 주도할 수 있기 때문입니다. 한편 글로벌 패권 전쟁은 현재 진행형입니다. 한국은 미-중이라는 G2 사이에서 절묘한 균형 잡기를 추구해야 하는 입장입니다. 정치와 경제 그리고 군사 안보 등등 모든 사안이 중요하기 그지없습니다. 이러한 근본적 입장은 자발적인 국내 민간 경제의 역동성을 견인하는 동력으로 작용합니다.

현대사회는 경제력이 국력입니다. 한국은 글로벌 Top10의 경제력을 지니고 있습니다. 21세기의 산업의 쌀인 반도체는 HBM 등 고부가 제품 판매가 증가할 것입니다. 바이오 산업은 새로운 국내 경제의 먹거리인 동시에 통화정책의 변화와 맞물리면서 그 성장세에 대한 심도 있는 판단을 필요로 합니다. 2차전지 및 화학 산업은 성장에 대한 이견은 없으나, 신산업에 대한 가치 평가가 수반되어야 합니다. 상상인증권 리서치센터의 2024년 산업 트렌드 분석 및 전망을 통해 새로운 한 해를 준비하시는 분들께 차별적인 투자 아이디어와 합리적인 투자 마인드 형성에 도움을 드릴 수 있었으면 좋겠습니다.

상상인증권 대표이사 임태중

투자자에게 실질적인 도움을 주는 책

"야, 종목 하나만 알려 줘라~"

지난 20년간 대학이나 고등학교 동문 모임에 나갈 때마다 친구들이 이구동성으로 하는 이야기다. 일반 투자자 입장에서는 증권회사에서 애널리스트로 근무하면 아주 대단한 정보를 가지고 있고 남들과 다른 차별적인 주식투자가 가능하다고 생각했던 적이 있다. 불과 4~5년 전만 해도 종목 하나 달라는 이야기 때문에 모임에 나가기가 꺼려지는 경우까지 있었다. 그러나 이제는 그 반대가 되는 모습이다. 최근에는 동문 모임에서 종목 문의를 거의 하지 않는다. 대신에 주식 유튜버 누구가 A 주식을 추천했는데 내 의견은 어떤지 2차 종목 문의를 하는 것이 대부분이다. 격세지감이다. 주린이 열풍 이후 너무나 많은 주식 관련 서적과 투자 관련 유튜브 영상이 범람하면서 소위 제도권 애널리스트들의 설 자리가 많이 줄어든 모습이다. 그러면 증권사 애널리스트들이 시장의 신뢰를 많이 얻지 못하는 이유는 무엇일까? 바로 이 부분이 이 책을 발간하게 된 가장 중요한 동기가 되었다.

애널리스트는 한국 주식시장에서 해당 섹터(업종)를 가장 많이 아는 사람 중 하나이다. 필자는 17년간 정유·화학 업종을 담당하면서 정유·화학 기업의 전략기획팀, 한국화학협회 임직원들, 글로벌 화학 전문 리서치기관과의 교류 등을 통해 해당 업종의 깊은 지식과 정보를 습득하였다. 이를 바탕으로 산업을 분석하고 톱다운(Top-down) 방식으로 기업 분석을 통해 추천 종목을 엄선하였다. 그럼에도 불구하고 최근 투자자들의 증권사 애널리스트들에 대한 신뢰는 과거보다 많이 낮아졌다. 그 이유는 ① 투자의견 매도(Sell)가 매우 제한적이고, ② 대형 시가총액 기업 중심으로 커버하며, ③ 어려운 전문 용어로 구성된 리포트를 발간하기 때문으로 판단된다. 유명한 주식 유튜버들은 이와는 정반대로 추천하고 있기 때문에 많은 관심을 받는 것이다. 제한 없이 매도·매수를 자유롭게 이야기하고, 여러 종목을 이해하기 쉽게 설명하기 때문에 많은 투자자들이 그들의 의견에 귀를 기울이고 있다.

그렇다면 증권사 애널리스트로서 투자자들에게 가장 도움이 되는 것은 무엇일까를 고민했다. 한국 주식시장의 특성상 (공매도의 한계, 기업들과의 금융투자 관계 등) 매도 의견의 제약은 존재한다. 그런데 매도 의견도 중요하지만 시장을 선도할 업종과 종목을 추천하는 것이 더 중요하다. 또한 과거 어려운 용어 중심의 리포트를 일반 대중이 이해할 수 있도록 쉽게 작성하는 것도 애널리스트가 시장의 신뢰를 얻기 위해 매우 중요하다고 판단했다. 결국 이 책은 다음 두 가지 목적을 가지고 발간되었다. 2024년에 시장을 선도할 9개 산업에 대해 심도 있는 정보를 제공하고, 일반 대중을 목표로 산업 전망을 아주 쉽게 설명함으로써 투자자들에게 실질적인 도움을 주자는 것이다. 그리고 그러한 목적에 부합하는 결과물이 나올 수 있도록 가능한 최선의 노력을 다했다고 생각한다.

이 책이 나오기까지 많은 사람의 도움이 있었다. 9개 산업 분석을 위해 정신없이 바쁜 와중에도 야간근무까지 마다하지 않은 상상인증권 애널리스트와 RA들이 아니었으면 이 책은 나올 수 없었다. 또한 유준원 상상인 대표님과 임태중 상상인증권 대표님의 전사적인 지원과 격려가 힘든 고비마다 너무나 큰 힘이 되었다. 이 자리를 통해 감사의 인사를 드린다. 작은 책이지만 디자인과 교정을 위해 헌신적인 노력을 보여준 한스미디어 모민원 팀장님과 직원분들에게도 고맙다는 인사를 드리고 싶다. 그리고 오랜 기간 애널리스트로 일하면서 아이들과 가정 관리에 많이 소홀했던 부분을 항상 조용히 그리고 열정적으로 내조했던 아내에게 진심으로 사랑한다는 말을 전하고 싶다.

여의도 파크원 빌딩에서 백영찬

목차

제1부   미리 보는 2024년 투자 트렌드

제2부   투자의 흐름이 보이는
2024년 핵심 산업과 기업 분석

제1장 반도체: 메모리 반도체 회복과 AI의 성장

제8장 수소: 기후변화 시대, 수소일 수밖에 없는 이유

제9장 신성장산업:
2024년 가장 주목해야 할 중소형 유망주 베스트 5

제1부

미리 보는
2024년 투자 트렌드

컨센서스를 파악하고
역발상으로 투자하라

이번에도 다수의 예측은 빗나갔다. 2022년 말 많은 주식시장 전문가들은 2023년 주식시장에 대해 '상저하고'의 지수 상승을 예견하였다. 그런데 한국종합주가지수(KOSPI)는 2023년 1월 2일 2,225.7포인트로 시작했고, 8월 1일에는 2,667.1포인트로 마감해 연중 최고점을 기록했다. 8월 초에 이미 연초 대비 약 20.0% 상승한 셈이다. 오히려 이후 지속적으로 약세를 보이면서 10월 31일에는 2,277.9포인트로 연중 최저점까지 하락했다. 전형적인 전강후약, 상고하저의 패턴을 보인 것이다. 이처럼 2022년 말 전문가들이 예측한 2023년 한국 주식시장 전망은 보란 듯이 틀렸다.

도대체 주식 전문가들의 시장 전망이 자주 빗나가는 이유는 무엇일까? 그 원인을 정확히 알 수는 없지만 모르긴 모르되 예측과 실행 모두 인간이 수행하기 때문일 것이다. 다시 말해 2023년 주식시장 전망을 증시 전문가들이 예측하면, 이를 바탕으로 기관투자자 및 개인투자자들이 주식투자 전략을 수립하고 매수와 매도 진술을 적극적으로 실행한다는 것이다.

여기서 중요한 것은 투자자마다 추구하는 투자 전략이 조금씩 다를 뿐만 아니라 경제 전망에 대한 시각도 각각 다르다는 점이다. 예를 들어 리서치센터 이코노미스트들은 2023년 세계 경기가 하반기부터 침체에서 벗어나 개선될 것으로 보았다. 그리고 이를 바탕으로 2023년 증시는 상반기 약세에서 하반기 경기 호전을 통한 강세로 예측한 것이다. 그런데 리서치센터 이코노미스트와 달리 어떤 개인 A가 자신의 피땀 어린 노력(구글링과 유튜브 시청 등)을 통해 2023년 세계 경기는 하반기에 경기 침체가 더욱 심화될 것으로 확신했다면 개인 A의 증시투자 전략은 무엇일까? 증시 전문가의 '상저하고' 전략과는

자료: 상상인증권

많이 다른 '상고하저' 또는 '1년간 비매수 전략' 등이 아니었을까 한다.

다른 예도 가능하다. 개인투자자 B는 리서치센터 이코노미스트들의 2023년 세계 경기 전망에 동의하지만 주식투자 전략은 다른 방식을 취하고 있었다. 세계 경기는 2023년 하반기 개선되지만 주식시장은 실물경제에 선행하기 때문에 한국주가지수는 2023년 상반기에 오히려 상승할 것으로 예상했던 것이다. 그래서 개인 B는 '상고하저'의 투자 전략을 통해 오히려 의미 있는 수익률을 거두고, 대부분의 증시 전문가를 비웃었을지도 모른다. 또 다른 예도 있다. 개인투자자 C는 주식시장 전망의 컨센서스(시장의 공통된 의견)가 '상저하고'라는 점을 인식하고, 역발상 투자 전략으로 '상고하저'를 선택해 적극적으로 투자하는 경우이다.

지금까지 증시 전문가들의 전망이 빗나가는 이유와 투자 전략에 대해 조금 장황하게 설명하였다. 이렇게까지 설명하고자 한 이유는 명확하다. 독자들에게 주식투자의 기본적인 개념을 설명하기 위해서다. 주식시장에서 17년 이상 근무한 증권사 센터장으로 느낀 주식투자 전략은 아주 간단하다.

첫째, 시장의 다수가 공감하는 컨센서스가 무엇인지를 정확하게 인지한다. 둘째, 컨센서스가 실제로 맞을 것인지에 대해 철저히 고민한다. 셋째, 컨센서스가 맞다고 생각하면 그 방향으로 투자하고, 컨센서스가 맞지 않다고 판단하면 과감히 역발상 투자를 한다.

보기엔 아주 간단하지만 이를 투자 철학으로 내재화하고 대다수의 사람과는 다른 의견을 가지고 투자를 하는 것은 아주아주 어려운 일이다. 주식시장과 충분히 소통하고 대화하는 유연성과 철저한 검증을 통한 확고한 자기 확신이 없으면 불가능한 투자 전략인 것이다. 그러나 위 전략으로 한 번이라

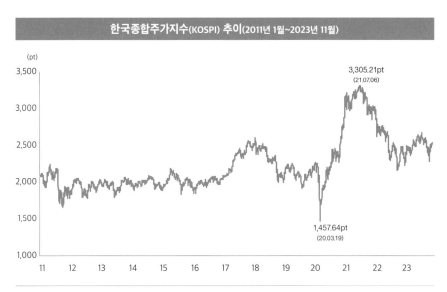

한국종합주가지수(KOSPI) 추이(2011년 1월~2023년 11월)

(pt)

3,305.21pt
(21.07.06)

1,457.64pt
(20.03.19)

자료: 상상인증권

도 성공을 맛본 투자자라면 점점 더 주식시장에서 돈을 버는 확률은 높아질

수밖에 없다.

2023년
주식시장 되돌아보기

주식시장에서 성공적인 투자 전략을 실행하기 위해 필요한 것은 많지만 꼭 권하고 싶은 것은 지나간 주식시장을 반추해보는 것이다. 과거 주식시장을 회고해야 하는 이유가 몇 가지 있다. 첫째, 지나간 주식시장을 통해 주도 종목과 하락 종목을 파악할 수 있다. 둘째, 주식시장의 참가자들이 생각하는 투자 포인트가 무엇이었는지를 알 수 있다. 셋째, 실패한 주식투자 전략을 복기할 수 있다.

2023년 주식시장을 한번 되돌아보자. 2023년 1월부터 11월 말까지 많이 상승한 업종은 철강, 반도체, 조선, 자동차 업종이었다. 반면 많이 하락한 업종은 유통, 유틸리티, 호텔·레저 산업이었다. 하락 업종은 쉽게 이해가 된다. 실적 악화가 동반된 산업이라는 공통점이 있다. 고금리 및 경기 침체가 지속되면서 백화점, 이마트 등 유통산업 실적 악화가 진행되었고, 전기료 인상이 지연되면서 한국전력(유틸리티)은 당기순손실을 기록했으며, 중국 경기 부진과 단체관광 허용 지연으로 한국의 호텔·레저 산업의 실적 부진이 지속되었기 때문이다.

상승한 업종의 특징은 미래 실적 호전에 대한 기대감이 반영된 것으로 보인다. 포스코퓨처엠 등 2차전지 기업들의 미래 성장에 대한 기대감이 반영되며 철강 업종 주가 상승이 컸다. 또한 삼성전자와 SK하이닉스의 2023년 상반기 실적은 영업적자를 기록했지만 2024년 실적 개선 기대감으로 반도체 업종 지수 역시 크게 상승했던 것이다. 조선 업종은 2023년 실적 호전도 지속되었고, 친환경 선박 수주도 글로벌 1위를 기록하는 등 수주 모멘텀 또한 긍정적이었다. 다만 상승폭이 컸던 종목(금양, 포스코인터, 코스모화학 등)을 참고하면 2023년 한국 주식시장에서는 2차전지 관련주의 기대감이 매우 컸던 것

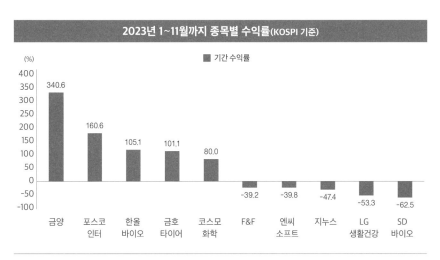

2023년 1~11월까지 종목별 수익률(KOSPI 기준)

자료: Bloomberg, 상상인증권

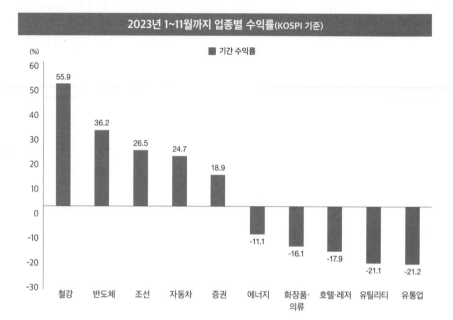

2023년 1~11월까지 업종별 수익률(KOSPI 기준)

(%)

■ 기간 수익률

철강	반도체	조선	자동차	증권	에너지	화장품·의류	호텔·레저	유틸리티	유통업
55.9	36.2	26.5	24.7	18.9	-11.1	-16.1	-17.9	-21.1	-21.2

자료: Bloomberg, 상상인증권

을 알 수 있다.

한편 2023년 미국 주식시장에 대한 회고도 필요해 보인다. 한국 주식시장에만 투자하는 투자자도 거의 없을 뿐만 아니라, 미국 주식시장의 특징과 시사점이 한국에도 적용될 수 있기 때문이다. 2023년 미국 S&P500 기준 상승 업종은 반도체, 미디어, 자동차 업종이었고, 동기간 하락한 업종은 유틸리티, 음식료·담배, 제약·바이오 업종이었다. 2023년 한국 주식시장에 2차전지 테마가 있었다면, 미국 주식시장에선 챗GPT(ChatGPT) 관련 생성형 인공지능(AI) 테마가 시장을 이끌었다. 2022년 하락했던 빅테크 기업들의 주가가 상승하면서 속칭 '매그니피센트 7'이라는 용어가 탄생하였다. 주가 상승이

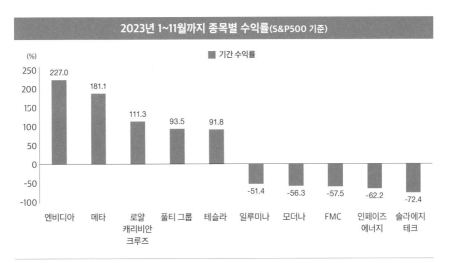

2023년 1~11월까지 종목별 수익률(S&P500 기준)

(%)

■ 기간 수익률

종목	수익률
엔비디아	227.0
메타	181.1
로얄 캐리비안 크루즈	111.3
풀티 그룹	93.5
테슬라	91.8
일루미나	-51.4
모더나	-56.3
FMC	-57.5
인페이즈 에너지	-62.2
솔라에지 테크	-72.4

자료: Bloomberg, 상상인증권

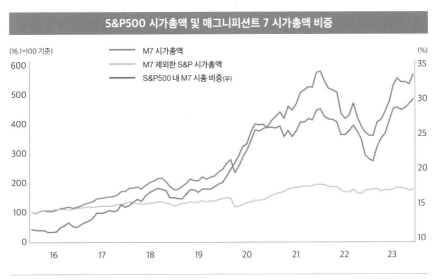

S&P500 시가총액 및 매그니피션트 7 시가총액 비중

(16.1=100 기준)
(%)

— M7 시가총액
— M7 제외한 S&P 시가총액
— S&P500 내 M7 시총 비중(우)

자료: BNEF, 상상인증권

컸던 생성형 AI와 반도체 등 관련 기업 7개를 지칭하는 용어이다. 7개 기업은 애플, 마이크로소프트(MS), 알파벳(구글), 아마존, 엔비디아, 메타, 테슬라이다.

미국의 대표적인 빅테크 기업들은 2022년만 하더라도 팬데믹 시기의 급격한 성장으로 인한 역기저효과, 금리 인상에 따른 투자심리 위축에 힘입어 하락세를 시현하였다. 하지만 챗GPT 출시 이후 생성형 AI에 대한 열풍이 불기 시작하자 상황은 반전되었다. AI 개발에 가장 앞서 있는 동시에 열풍의 수혜가 기대되는 기업들의 주가는 급등하기 시작했다. 실제로 매그니피센트 7의 주가 상승세는 S&P500의 2023년 상승세를 주도했으며, S&P500 내 비중 역시 역사상 가장 높은 수준인 30% 가까이 도달했다.

2023년 한국 주식시장에서 미국처럼 생성형 AI 테마가 직접적으로 부각되지는 않았지만 반도체 업종의 주가 상승은 크게 보면 생성형 AI 테마로 보아도 무방하다. 한국의 경우 미국의 오픈AI(Open AI)처럼 직접적인 생성형 AI 기술 창조기업은 없지만 AI 진화를 위해 필요한 반도체 제조기업이 존재하고 있기 때문이다. 따라서 2023년 한국에서는 2차전지와 생성형 AI 관련 반도체 등 기술주·성장주가 주식시장을 선도했고, 수주 모멘텀이 있는 조선 업종 등의 일부 상승이 있었던 것으로 해석할 수 있다. 그렇다면 2024년 한국 주식시장에서 예측할 수 있는 것은 단순해진다. 생성형 AI 테마는 2024년에도 유효할 것인가? 2차전지 테마는 다시 살아날 수 있는가? 금리 인하가 예상되는 2024년 하반기부터 유통 등 소비재 업종의 주가 상승이 가능할 것인가? 이런 질문이 아마도 2024년 주식투자를 위해 필요한 것으로 판단된다.

2024년, 우리는 왜
9대 테마에 주목하는가

투자자들에게 가장 실질적인 투자 조언이 무엇인지에 대해 항상 고민해왔다. 물론 제일 좋은 것은 2~3개월 안에 급등할 수 있는 종목을 선정해 주기적으로 종목 정보를 공유하는 것이다. 그러나 이것은 불가능하다. 20년 가까이 주식시장에 몸담아 왔지만 급등 종목을 미리 인지하여 제시하는 것은 이론적으로도 실질적으로도 불가능한 일이다. 만일 이런 것이 가능하다면 이는 작전세력에 의한 인위적인 주가조작 등을 통해 가능할 뿐이다. 지금도 유튜브나 문자 메시지를 통해 급등 종목 발굴을 언급하는 각종 리딩방이 존재한다. 독자들은 결코 이러한 말도 안 되는 사기꾼들에게 귀중한 자산을 맡겨서는 안 된다. 거듭 강조하지만 급등 종목을 발굴한다는 사람과는 어떠한 교류도 절대 해서는 안 될 일이다.

서두에서 주식투자의 원칙과 전략에 대해 이야기한 바 있다. 시장의 컨센서스(공통된 예측)를 정확히 인지하고 이를 바탕으로 컨센서스에 동의할지, 반대할지를 결정하여 투자하는 것이 성공 투자의 지름길이라고 설명했다. 그런데 투자 전략과 관련해 고민되는 부분은 도대체 어디서부터 시작해야 하는가이다. 단지 시가총액이 가장 큰 삼성전자의 2024년 실적 전망을 바탕으로 투자 전략을 수립해야 하는지, 아니면 2차전지 대장주인 LG에너지솔루션의 2024년 배터리 출하 물량을 바탕으로 역발상 투자를 해야 하는지 알 수 없는 일이다.

많은 고민 끝에 상상인증권의 리서치센터에서는 2024년 주목해야 하는 산업과 관련 종목을 독자들에게 제공하는 것이 가장 현실적으로 도움이 될

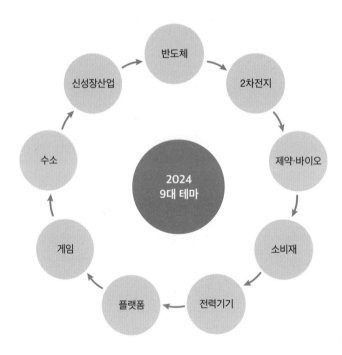

것이라고 판단하였다. 리서치센터에는 각 업종별 담당 애널리스트가 존재한다. 아마도 이들이 대한민국에서 IT, 자동차, 게임, 소비재 등 해당 산업을 가장 잘 알고 있는 전문가일 것이다. 따라서 산업별 애널리스트가 2024년 전망을 통해 가장 유망하다고 판단되는 9개 업종을 엄선하여 독자들에게 제공하고자 한다. 상상인증권 리서치센터가 제안하는 2024년 주목해야 할 업종은 앞의 그림과 같다.

"No Pain, No Gain"이라는 말이 있다. 노력 없는 성과는 없다는 뜻이다.

우리 상상인증권 리서치센터가 급등 종목을 발굴해 소개할 수는 없지만 이 책을 통해 제안한 9개 산업을 충분히 이해한다면 성공적인 투자를 통해 행복한 2024년 연말을 맞이할 수 있을 것이다. 모쪼록 독자의 성공 투자를 위한 가장 확실한 파트너가 되었으면 하는 바람이다.

상상인증권 리서치센터가 제안하는 2024년 9대 산업은 다음과 같다. 제2부에서 상세하게 소개하겠지만 주요 투자 포인트와 관련 종목을 한번 살펴보기 바란다.

1. 반도체

1 반도체 업계의 낮아진 재고 수준으로 2024년 반도체 수급 밸런스 타이트할 전망

2 AI 서비스 확대로 스마트폰, 노트북 등의 기기 내 메모리 탑재량 증가할 전망. 이로 인해 2024년 HBM(고대역폭메모리) 수요, 전년 대비 172% 급증 예상

3 반도체 밸류체인 투자의 경우 반도체 후공정(테스트 및 패키징) 투자에 집중 예상

4 관련 종목: 엔비디아, 삼성전자, SK하이닉스, 한미반도체, 엑시콘, 펨트론

2. 2차전지

1 2024년 전기차 배터리 수요 둔화 불가피할 전망. 중국 배터리 업체 공급과잉 부담 확대

2 2차전지 소재 또한 단기 경쟁 심화. 시장을 선도할 새로운 전기차 라인업 필요

3 소규모 중국 배터리 업체 파산 뉴스 발생. 2024년 하반기부터 투자심리 개선 예상

4 관련 종목: LG에너지솔루션, SK이노베이션, 포스코퓨처엠, 성일하이텍

3. 제약·바이오

1 2024년 하반기부터 금리 인하 시작되면서 제약·바이오 기업에 대한 투자 환경 긍정적

2 국내 일반 의약품(제네릭)보다는 선진국 시장 진출 비전이 있는 기업을 찾을 것

3 바이오주 투자의 경우 명확한 임상 스케줄 및 상업화 비전에 대한 검증 필요

4 관련 종목: SK바이오팜, 유한양행, 파마리서치, HK이노엔, 레고켐바이오

4. 소비재

1 2024년 소비재 업종의 경우 고금리 지속과 소비경기 둔화로 음식료 업종 관심 필요

2 음식료 산업의 판가·원가 스프레드 확대, 실적 개선, 방어주 프리미엄까지 상승할 전망

3 화장품 업종은 중소형 화장품 기업들의 비중국향 실적 역기저 부담 상존

4 관련 종목: 빙그레, CJ제일제당, KT&G, 아모레G, 한국콜마, 제이시스메디칼

5. 전력기기

1 신재생에너지 전환을 위한 전력망 연계(Grid) 필요. 용량 부족으로 1,500GWh 전력망 대기 중

2 선진국들의 전력망 교체주기 진입. 미국은 2030년까지 100억 달러의 전력망 교체 필요

3 2024년에도 변압기 공급 부족 지속될 전망. 변압기 수주 예약 단가 상승 추세 이어질 듯

4 관련 종목: HD현대일렉트릭, 효성중공업, LS ELECTRIC, 제룡전기

6. 플랫폼

1 생성형 AI 활용으로 새로운 광고상품 **등장** 및 초기인화 광고로 이이지며 실적 증가 예상

2 광고업황 턴어라운드와 새로운 광고상품 등장으로 2024년 두 자릿수 수준의 성장 가능

3 네이버는 웹툰 서비스 미국 상장 준비 중. 카카오는 SM, 픽코마, 미디어, 엔터 모두 좋을 전망

4 관련 종목: 네이버, 카카오

7. 게임

1 글로벌·국내 모바일 게임 시장은 2022~2023년 역성장. 그러나 2024년 다시 성장 전환 전망

2 국내 게임주 실적은 2022년 저점 이후 2023년 회복 시기 진입, 2024년 성장 전망

3 생성형 AI를 통한 게임 개발 단축 및 게임 내 활용을 통한 게임의 볼륨 확대 가능할 듯

4 관련 종목: 엔씨소프트, 크래프톤, 넷마블, 네오위즈, 넥슨게임즈

8. 수소

1 수전해설비 발전 증기 등에 따라 2020년 수소 산업의 그리드 패리디(경제성 확보) 예상

2 그리드 패리티 시점에 근접할수록 수소 정책 수립과 이행은 긍정적으로 확대될 듯

3 그리드 패리티 달성 이후 주식시장 관심은 수소 정책이 아닌 실적 규모로 이동할 전망

4 관련 종목: 두산퓨얼셀, 비나텍, 범한퓨얼셀, 제이엔케이히터, 일진하이솔루스, 상아프론테크

9. 신성장산업

1 2024년에는 미용 및 치과용 의료기기와 더불어 반도체 장비 산업의 성장성 클 전망

2 신성장산업 종목 선정의 기준은 지속적인 성장 가능성을 높여줄 특정 요인 보유 종목

3 또한 종목 선정을 위해 보수적인 실적 추정에도 불구 주가 저평가인 경우에 추천

4 관련 종목: 하이로닉, 티앤엘, 레이, 펨트론, 엑시콘

제2부

투자의 흐름이 보이는 2024년 핵심 산업과 기업 분석

제1장

반도체

메모리 반도체 회복과
AI의 성장

정민규 연구원

메모리 반도체
회복의 시작

그야말로 바닥이었다. 지난 한 해 동안 우리는 뉴스, 유튜브 등 다양한 채널을 통해 반도체 산업이 부진하고 있음을 느껴왔다. 메모리 반도체 재고는 넘쳐났고, 가격은 끝을 모르고 떨어졌다. 삼성전자와 SK하이닉스는 이렇게 높은 재고와 낮은 수요에 대응하기 위해 공급을 줄이는 감산을 선택했다. 그 효과로 2023년 3분기 말부터는 반도체 업황 회복의 신호들이 보이기 시작했다. 디램(DRAM)은 9월 중순부터, 낸드(NAND)는 10월부터 가격 반등을 시작했다. 물론 반도체 공급을 낮은 수요 밑으로 떨어트리면서 시작된 가격 반등이다. 향후 다양한 응용처(스마트폰, PC, 서버 등)들의 수요 회복이 예상된다면, 이번 가격 반등이 추세로 이어질 수 있을 것이다.

2023년은 지난 2년간 높았던 기저효과와 경기 침체로 인한 최종소비자

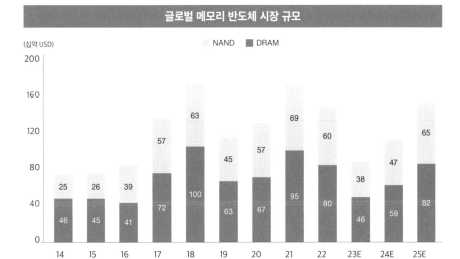

글로벌 메모리 반도체 시장 규모

(십억 USD)   NAND   DRAM

자료: TrendForce, 상상인증권

수요 급감이 맞물리면서 반도체 업황의 바닥을 확인한 한 해였다. 지난 4월 이후, 삼성전자의 감산 합류로 시작된 메모리 3사의 지속 감산으로 수급 밸런스가 점차 개선되고 있다. 이에 따라 2023년 9월부터는 디램 가격 반등도 확인되고 있다. 또한 2022년 하반기부터 1년 이상 이어진 반도체 업계의 재고 조정은 세트(PC, 노트북, 가전 등) 업체들의 재고 수준도 정상 수준 이상으로 완화시키고 있다.

2024년 메모리 반도체 시장은 금액 기준 약 134조 원(2024년 예상 평균 환율 1,276원 적용)으로 2023년 약 109조 원(2023년 예상 평균 환율 1,301원 적용) 대비 원화 기준 23.4% 성장할 전망이다. 디램 시장은 2023년 대비 25.6% 증가한 약 75.7조 원, 낸드는 2023년 대비 20.7% 성장한 약 58.5조 원으로 예상된다. 감산 효과 외에도 DDR4에서 DDR5로의 교체가 기대보다 빠르게 진행되고 있고, 고대역폭메모리(HBM)나 고용량 모듈의 고부가 제품 수요 증가의 효과로 낸드보다 가격 반등이 앞서 시현된 것으로 보인다.

AI향 서버와 그래픽 수요 증가는 2024년에도 이어질 전망이다. 특히 그래픽 제품(그래픽 디램이 필요한 모든 제품)의 2024년 생산 용량은 약 127억 GB로 전년 대비 22.6%의 큰 폭의 증가가 예상된다. 그래픽에 이어 서버, PC, 컨슈머, 모바일 순서로 생산 용량 증가율 개선이 기대된다.

보기 좋은 떡,
그 이상의 반도체 포장

보기 좋은 떡이 먹기도 좋다고 했다. 포장의 중요성을 알 수 있는 이 속담이 과연 반도체에도 적용될까? 반도체 칩의 '성능'을 '맛'이라 한다면, 그 맛을 끌어올릴 수 있게 효율적으로 배치하는 것이 예쁜 포장이다. 반도체 제조의 여러 과정들 중에서 '패키징 공정'이 이런 포장의 역할을 하게 된다. 여러 공정을 통해 만들어진 반도체 칩을 외부 시스템들과 신호를 주고받을 수 있도록 전기적으로 연결하고, 또 다양한 외부 환경으로부터 칩을 보호하는 단계를 패키지 공정이라 한다. 패키징은 실제 성능과 직결된다는 점에서는 떡의 사례보다 훨씬 더 중요하다고 볼 수 있다.

반도체 제조는 크게 8대 공정(웨이퍼 제조, 산화, 포토, 식각, 증착, 금속 배선, 테스트, 패키징)으로 나눌 수 있다. 반도체를 만드는 웨이퍼 제조에서 금속 배선까지를 전공정(Front-end)이라고 부른다. 이후 만든 반도체를 검사하고 포장하는 테스트와 패키징 공정을 후공정(Back-end)이라 한다. 2023년은 특히 후공정 관련 기업들이 주목을 받은 한 해였는데, 그 이유는 크게 두 가지로 나누어 볼 수 있다.

첫째, 반도체 공정의 초미세화로 인해 전공정에서 칩 성능을 향상시키는 기술이 점차 한계에 다다르고 있기 때문이다. 둘째, 반도체 칩의 고집적화로 패키징의 중요성이 상승했기 때문이다. 2023년 반도체 시장의 주요 키워드 중 하나였던 고대역폭메모리의 구조 또한 8단, 12단의 적층 구조를 가지고 있다. 잘 쌓고(Sorting), 잘 붙이고(Bonding), 잘 포장되었는지 검사(Testing)하는 후공정의 중요도가 자연스레 올라가게 된 것이다.

우리는 2024년에도 후공정에 한 번 더 관심을 두어야 한다. 왜냐하면 후공정의 성장을 가속화시킨 HBM 시장이 생각보다 빠른 속도로 성장하고 있기 때문이다. 2022년 21억 달러였던 HBM 시장은 2023년 두 배 증가한 43억 달러가 되었고, 2024년에는 훨씬 더 큰 성장으로 110억 달러 이상을 기록할 것으로 전망된다.

챗GPT로 가속화된 대규모언어모델(LLM, Large Language Model) 서비스 경쟁으로 구글, 아마존과 같은 클라우드 서비스 제공업체(CSP, Cloud Service Provider)는 AI 서버에 많은 투자를 하고 있다. AI 서버 제품들은 높은 가격 프리미엄을 가지고 있기 때문에, 일반 서버들에 투자할 여력이 상대적으로 줄어들었다.

AI 서버 시장을 과점하고 계속해서 시장의 기대를 뛰어넘는 실적을 달성하고 있는 엔비디아의 2024년 제품들에는 HBM2e(3세대), HBM3(4세대)에 이

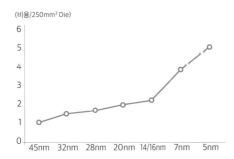

공정 미세화에 따른 단위 생산 비용의 증가

(비용/250mm² Die)

자료: BESI, 상상인증권

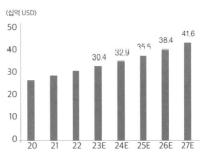

어드밴스드 패키징 시장 전망

(십억 USD)

자료: Yole, 상상인증권

어 HBM3e(5세대)가 본격적으로 탑재될 전망이다. 향후 다음 세대 제품들이 출시될 때에도 패키징의 중요성은 여전할 것으로 보인다.

더 진화된 포장,
어드밴스드 패키징

칩들은 점점 더 미세화되고 또 집적화(소자들 간의 밀도가 상승)되고 있다. 또한 AI 산업이 성장하면서 처리할 데이터들이 급격하게 늘어나고 있다. 결국 하나의 칩으로 이 상황에 대응하는 것이 어려워지면서 여러 칩을 쌓아 올리고 결합한 구조를 가진 칩들이 등장하고 그 필요성이 증가하고 있는 상황이다. 이렇게 점점 더 복잡한 구조를 가진 칩들이 등장하면서 패키지 기술도 점차 발전했는데, 한층 진보된 패키지 기술을 '어드밴스드 패키징(AVP, Advanced Packaging)'이라 부른다. 대표적인 어드밴스드 패키징 기술로는 TSMC(대만)의 CoWoS(Chip on Wafer on Substrate)와 삼성전자의 아이큐브(I-Cube)가 있다.

2024년에도 어드밴스드 패키징 시장의 성장은 가파를 전망이다. 2024년 어드밴스드 패키징 시장 규모는 약 329억 달러로 연평균 8%의 성장률이 전망된다. 반도체 공정이 점점 미세화되면서 단위 생산비용은 증가하고 있다. 또한 AI와 같은 고성능 칩이 필요한 경우 단일 칩으로 대응하는 것은 불가능하기 때문에 메모리 적층 구조를 가진 고대역폭메모리가 채용되고 있다. 칩을 수직으로 쌓고 열압착한 경우 단위 면적당 칩의 비용이 급격히 올라가기 때문에 불량품 발생은 수익성에 치명적이다. 결국 패키징 기술의 중요성이 계속 상승하는 것이다.

2024년에는 조립(Assembly)에서 모듈 검사까지 후공정 서비스를 일괄적으

자료: 산업 자료, 상상인증권

로 제공 가능한 기업들의 실적 개선이 빠를 것으로 예상된다. 또한 메모리 반도체(디램, 낸드)의 수급 밸런스가 맞춰져 가고 있기 때문에, 삼성전자와 SK하이닉스 같은 공급 업체들이 감산의 강도를 조절하며 메모리 반도체 가격 협상력을 쥘 수 있을 것으로 보인다.

AI의 성장은
점점 더 빨라지고 있다

2023년 반도체 산업의 주요 키워드였던 HBM은 고대역폭메모리(High Bandwidth Memory)를 말한다. 대역폭이 높다는 것은 데이터 전송 속도가 빠르다는 것인데, 따라서 AI와 같이 데이터 처리 속도가 중요한 산업에 사용되고 있다. 많은 양의 데이터를 처리하는 AI 서비스(LLM을 이용한 챗GPT 등)에 단일 칩의 성능으로 대응하는 것은 불가능하다. 단일 칩 공정은 점점 미세화되고 칩의 크기와 두께도 줄어들어 왔다. HBM은 여러 개의 칩을 적층하고 연결해 성능을 크게 높이는 구조를 가지는 만큼 생산하기 위한 첨단 패키징 기술이 요구된다.

HBM의 구조를 살펴보면 우선 기판 위에 인터포저(반도체 칩과 기판을 전기적으로 연결하기 위해 삽입되는 층)가 위치한다. 인터포저 위에 디램이 여러 단(4단,

8단, 12단)으로 적층되는 구조를 가진다. 여러 개(1,024개 이상)의 미세한 구멍을 수직으로 뚫어 전극을 연결하는 TSV(Through Sia Via) 기술을 이용해 적층이 된다. 저층된 다이(Die)를 본딩(Bonding)하는 방식은 TC-NCF와 MR-MUF로 나눌 수 있으며, 제조사들의 본딩 기술 개발 상황에 따라 차이가 있다.

삼성전자의 HBM에는 TC-NCF 방식이 적용되고 있으며, SK하이닉스는 HBM2e(3세대)부터 MR-MUF 방식을 사용하고 있다. 마이크론은 HBM2e를 TC-NCF로 생산하고 있으나, HBM3 생산은 건너뛰고 2024년에 다시 HBM3e에 진입할 것으로 예상된다.

2023년은 HBM2e를 메인스트림으로 엔비디아 H100 GPU에 탑재된 HBM3(4세대) 제품에 높은 가격 프리미엄이 부여되었다. 2024년 하반기부터는 NVIDIA 신제품 GH200에 탑재되는 HBM3e(또는 HBM3p, HBM3 Gen2)로 프리미엄이 전가될 것으로 보인다.

2023년은 SK하이닉스가 엔비디아에 HBM3를 공급할 수 있는 유일한 기업이었다. 4세대 이후의 HBM 제조의 본딩 공정에서 TC-NCF 방식이 틀렸다고 할 수는 없겠다. 하지만 MR-MUF 방식에 비해 상대적으로 칩들이 고온·고압에 노출되는 환경임은 사실이다. 따라서 자연스레 휘어짐이나 변형 등 손상 가능성이 높고 이는 곧 수율과 수익성으로 이어지게 된다. 삼성전자와 SK하이닉스는 각각의 본딩 방식에 적합한 소재의 혁신을 통해 수율 향상을 이뤄내고 있다. 이러한 소재들은 일본 소재 기업들과 공동 연구개발 및 내재화를 시도하고 있는 것으로 파악된다.

2024년에도 AI 수요가 향후 반도체 산업에 가져올 상승 모멘텀은 거대할 것으로 보인다. 그리고 그 중심에는 HBM을 생산하는 메모리 업체들,

HBM을 패키징하는 TSMC, 그리고 단단한 락인 효과와 뛰어난 호환성을 가진 NVIDIA의 AI GPU 제품들이 있을 것이다.

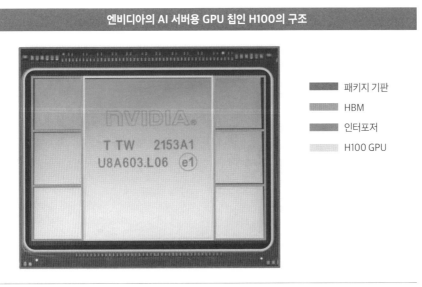

엔비디아의 AI 서버용 GPU 칩인 H100의 구조

- 패키지 기판
- HBM
- 인터포저
- H100 GPU

자료: NVIDIA, 상상인증권

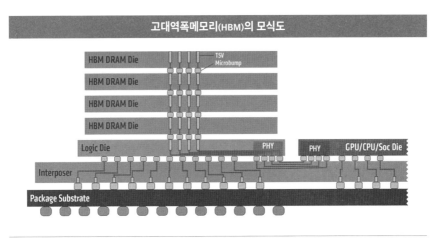

고대역폭메모리(HBM)의 모식도

자료: AMD, 상상인증권

스마트폰 산업은 글쎄…

🎯 2024년 글로벌 스마트폰 출하량은 약 11억 7,500만 대로 2023년 약 11억 3,200만 대의 출하량 대비 소폭 증가할 것으로 전망된다. 2023년 초부터 모두가 기대했던 중국 리오프닝 효과에 의한 스마트폰 수요 회복은 찾아볼 수 없었다. 또한 소비자들은 점점 스마트폰 성능 혁신에 둔감해지고 있으며, 이는 스마트폰 교체주기 상승으로 이어졌다. 고부가가치 상품인 폴더블 스마트폰 제품들이 연이어 출시되고 있지만, 기대만큼 시장 침투가 빠르지 않은 상황이다. 애플이 폴더블 스마트폰을 출시한다면 대중들의 관심과 전체 시장이 커지면서 발생하는 긍정적 효과들이 있겠으나, 아직 폴더블 스마트폰을 고려하지 않는다는 점은 아쉬울 따름이다.

중국의 상황을 한번 돌아보자. 지난 2023년 8월 말 화웨이의 신제품

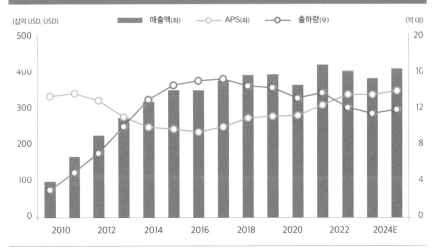

'Mate 60' 시리즈 출시 이후 자국 내 스마트폰 수요 회복의 불씨가 살아났다. 화웨이를 향한 중국 정부의 공식적·비공식적 지원은 앞으로도 계속될 것으로 예상된다. 미국과 반도체 갈등의 최전선에 위치해 여러 이슈(첨단 반도체 탑재, 기술력 과시 등)를 일으킬 가능성이 높기 때문이다. 중국 스마트폰 시장은 오포(Oppo), 비보(Vivo), 샤오미(Xiaomi), 화웨이(Huawei) 등 자국 브랜드에 대한 충성도가 높다. 애플의 경우 아이폰15 시리즈 출시로 기존 팬층으로부터 수요는 견조하겠으나, 중국 정부의 아이폰 금지령 등의 견제와 초기 발열 이슈의 영향으로 기대보다 부진했다.

메모리 가격 반등이 시작되었지만, 여전히 낮은 수준이다. 스마트폰 업체들에게 메모리 가격이 바닥을 탈출하고 있다는 인식이 확대되면서 안전 재고를 확보하기 위한 수요도 시작되고 있다. 스마트폰 1대당 탑재되는 메모리 용량이 늘어나고 있고, 소비자에게 비용 전가가 상대적으로 쉬운 플래그십 모델 위주의 판매 방식은 여전히 유효해 보인다. 이런 스마트폰 업체들의 전략은 결과적으로 2024년 스마트폰 평균 판매가격을 344달러로 전년 대비 3% 상승시킬 전망이다.

AI 서버의 성장이 빠른 만큼
일반 서버 성상은 느려졌나

AI용 서버 수요 증가가 빠르다. 2024년 연간 서버 출하량은 전년 대비 2% 증가한 약 1,910만 대, 그래픽 제품(GDDR이 탑재되는 모든 제품) 출하량은 1.5% 증가한 약 2.9억 대로 전망된다. 하지만 AI용 서버는 높은 가격 프리미엄을 가지고 있고, 기업들의 투자 가능 금액은 한정돼 있음에 주의해야 한다.

구글, 아마존 등 글로벌 클라우드 서비스 제공업체(CSP) 기업들은 생성형 AI와 대규모언어모델(LLM) 서비스에 대한 투자를 지속하면서도, 실제 사용자 수요 예측에 집중하고 있다. 생성형 AI는 기본적으로 운영 비용이 높다. 처음 챗GPT가 활성화되고 일단 빠르게 경쟁에 뛰어들던 시기는 지나고 있다. 이제는 비용과 수익성을 고려하지 않을 수 없는 것이다. '생성형 AI 서비스 개

발 → 유저 수 증가 → 비용·수익 동시 증가 → 재투자'의 순환고리를 잘 이어
가는 것이 중요하다. 2024년은 글로벌 업체들이 시장을 선점하기 위해 경쟁
적 투자를 이어감은 물론이고, 저마다의 수익구조를 결합해 안정적인 사업을
구축해나가는 한 해가 될 것으로 보인다.

또한 CSP 업체들은 기본적으로 클라우드 서비스를 원활히 제공하는 비
즈니스 모델을 구축하고 있기에 일반 서버에 대한 투자도 지속할 필요가 있
다. 결국 생성형 AI 서비스 시장을 선점하기 위한 경쟁적 투자 속에서 AI용
서버와 일반 서버에 대한 투자 비율 맞추기도 중요한 상황이다.

엔비디아의 AI 서버가 높은 가격 프리미엄을 가지고 있어 자체 AI GPU
를 개발하려는 다양한 기업들의 시도가 이어지고 있다. 이에 대응하기 위해
엔비디아는 신규 칩 출시 간격을 줄여가고 있으며, 압도적인 시장점유율을 유
지하고자 한다. 기업들은 호환성 문제와 익숙한 엔비디아 플랫폼(CUDA)의 견
고한 락인 효과로 인해 쉽사리 다른 제품을 사용할 수 없는 상황이다. 결국

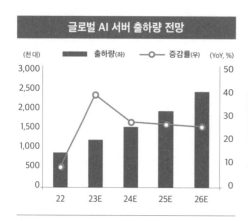

자료: TrendForce, 상상인증권

자료: 엔비디아, 상상인증권

2024년에도 엔비디아의 독주가 예상된다. 다만 미국과 중국의 반도체 갈등에서 비롯되는 수출 규제는 위험 요인으로 지목되는 상황이다.

컴퓨터·노트북,
지금 바꾸시겠습니까?

2024년 연간 PC 출하량은 전년 대비 2.5% 증가한 약 2억 3,000만 대로 전망된다. 세분화해봤을 땐 데스크톱이 전년 대비 3.3% 증가한 6,380만 대, 노트북이 전년 대비 2.3% 증가한 1억 6,620만 대로 예상된다. 2023년은 경기 침체와 소비심리 둔화로 전년 대비 큰 폭(-11.0%)의 PC 출하량 감소가 있었다. 시장조사기관 IDC에 따르면 2023년은 PC 출하량 집계를 시작한 이래 가장 큰 하락폭을 기록할 것으로 전망된다. 이처럼 낮은 기저효과와 다음 설명할 이유들로 2024년은 PC 출하량의 소폭 회복이 기대된다.

│ 완화된 재고 수준

　PC 업체들의 지속된 재고 조정으로 메모리 반도체 재고는 적정 수준(6~8 주)을 하회하는 3~4주 미만으로 확인되고 있다. 2023년 9월부터 디램 가격 반등이 확인되었으며, 4분기부터는 낸드 가격 반등도 시작되었다. 또한 메모리 반도체 공급업체들은 수익성 개선을 위해 공격적인 가격 협상을 진행했다. PC 제조사와 같은 고객사들에도 반도체 가격이 바닥을 지나고 있다는 인식이 확산되었다. 따라서 저렴한 가격일 때 충분한 재고를 확보하기 위한 수요가 예상된다. 또한 블랙프라이데이(Black Friday, 추수감사절 다음 날로 미국의 가장 큰 할인행사), 사이버먼데이(Cyber Monday, 추수감사절 이후 첫 번째 월요일에 진행되는 할인행사) 등 계절적 성수기에 따른 PC 업체들의 적정재고 확보 수요가 이어질 것으로 예상된다.

│ 윈도우10 지원 종료에 따른 교체 수요

　또한 2024년에는 윈도우 운영체제(OS) 전환에 따른 PC 교체 수요가 일부 시작될 전망이다. 2025년 윈도우10 서비스가 종료 예정인데, 다음 버전인 윈도우11의 사양에 맞춰 구형 PC들의 교체가 필요한 상황이다. 윈도우는 2023년 5월 기준으로 전 세계 PC 운영체제 시장의 62.1%를 차지하고 있다. 국내로 한정했을 때는 78.4%를 차지하고 있다. 지난 몇 년간 애플의 맥(Mac) 운영체제의 확산으로 윈도우 점유율이 꾸준히 하락하고 있으나 여전히 시장을 과점하고 있는 보편적 운영체제다.

　윈도우 운영체제 내에서 윈도우11의 점유율은 23.2%에 불과하며 윈도우

글로벌 PC 출하량 전망

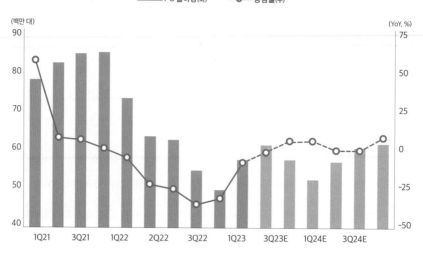

자료: TrendForce, 상상인증권

윈도우 운영체제 버전별 점유율

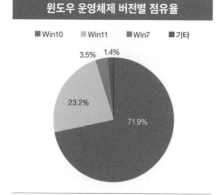

자료: Microsoft, 상상인증권

PC 운영체체별 시장점유율

자료: Statcounter, 상상인증권

10이 72%를 차지하고 있다(2023년 8월 기준). 2015년 출시된 윈도우10의 점유율이 2021년 출시된 윈도우11에 비해 아직 절대적으로 큰 상황이다. 두 운영체제 간의 최소 사양(또는 권장 사양)을 비교해보았을 때, 2016~2017년 이전에 설치된 PC들의 교체 수요가 활발할 것으로 보인다. 윈도우11의 최소 요구 메모리는 4GB로 윈도우10 64비트의 요구 사양인 2GB의 2배다. 일부 부품이 아닌 PC 전체를 교체하는 경우가 많은 관공서, 기업용 PC의 교체 수요부터 순차적으로 일어날 가능성이 높다.

엔비디아

GPU 시장에서 엔비디아의 영향력은 절대적이다. 전체 GPU 시장의 80%이상을 점유하고 있으며, AI GPU에 한정한다면 90%를 차지하고 있다. 다양한 산업에 종사하는 개발자들은 엔비디아의 플랫폼인 쿠다(CUDA, Compute Unified Devide Architecture)에 익숙해져 있다. 기존에 구축돼 있는 서버들도 엔비디아의 제품인 경우가 많아 다른 기업의 제품을 섣불리 구입하기엔 호환성 문제가 발생할 수 있다. 엔비디아의 강한 락인 효과가 지속되는 모습이다. 구글, 아마존 등 많은 기업들은 언제까지고 엔비디아의 높은 제품 가격을 감당할 수 없기에 자체 AI GPU 칩들을 자체적으로 개발하고 있다. 엔비디아는 이런 추격에 대응하기 위해 새로운 제품의 출시 간격을 좁혀 시장점유율을 유지해나가겠다는 전략을 구사하고 있다.

엔비디아의 AI용 GPU에는 고대역폭메모리(HBM)가 탑재된다. AI가 요

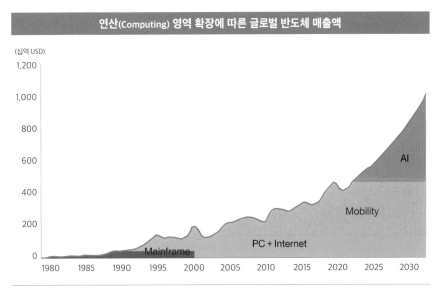

연산(Computing) 영역 확장에 따른 글로벌 반도체 매출액

(십억 USD)

AI

Mobility

PC + Internet

Mainframe

자료: TrendForce, 상상인증권

구하는 연산 능력에는 단일 칩으로 대응할 수가 없다. 따라서 여러 칩을 적층해 성능을 극대화한 구조를 가진 고대역폭메모리의 수요가 필연적으로 증가하고 있는 것이다. 업계 최선두에 자리 잡고 시장을 움직이는 엔비디아의 AI GPU는 그만큼 가격도 높다. 내로라하는 글로벌 빅테크 기업들과 각 국가들의 정부 차원에서의 수요가 공급을 한참 뛰어넘기에 엔비디아 제품은 그만큼 높은 가격을 유지하고 있다.

2024년은 어떻게 될까? 수요는 계속 증가하고 있고, 엔비디아도 생산하는 물량을 크게 늘리고자 한다. 지금 시장에서의 공급 부족 현상은 SK하이닉스와 같은 HBM 제조사들의 생산능력 부족보다는 HBM을 최종 패키징하는 TSMC의 CoWoS(Chip on Wafer on Substrate, TSMC의 2.5D 어드밴스드 패키징 기술) 생산능력의 부족에서 발생하고 있다. TSMC도 2024년에는 CoWoS 생산능력을 2배 이상 늘릴 계획을 가지고 있으며, 이에 맞춰 SK하이닉스 등의 제조사들도 HBM 생산능력을 확대하고 있다. 결론적으로 2024년은 거시 경제의 불안 요소와는 별개로 HBM 시장은 대폭 성장할 것으로 보인다.

삼성전자

삼성전자는 반도체, 가전, 전자제품을 설계하고 제조하며, 코스피 시가총액의 20%를 차지하는 거대 글로벌 기업이다. 사업부는 반도체 사업을 영위하는 DS(Device Solution) 사업부, TV·가전·스마트폰 등 세트 사업을 진행하는 DX(Digital eXperience) 사업부, 자회사 삼성디스플레이를 통해 OLED 등 디스플레이 사업을 영위하는 SDC 사업부, 전장을 포함한 다양한 오디오 솔루션을 공급하는 Harman 사업부로 나뉜다. 2024년에는 메모리 반도체 수급개선으로 디램에 이어 낸드 사업의 흑자 전환이 전망된다. 또한 엔비디아향 HBM3 양산으로 전년 대비 수익성 개선이 빨라질 것으로 예상된다.

2023년 9월부터 디램 가격 반등이 확인되었다. 낸드 가격은 추가 감산의 효과와 메모리 가격 바닥 인식 확산으로 4분기 내 반등이 시작되었다. 투자 포인트로는 ① 3분기에도 이어진 적극적 메모리 반도체 감산으로 수급 균형이 맞춰지고 있는 점, ② Set 업체들의 재고가 적정 수준 이하로 확인되어 점진적인 수요 회복이 전망된다는 점이다. 2023년 3분기 막바지에 시작된 디램

삼성전자 주가와 대한민국 반도체 수출액(상관계수: 0.89)

자료: 삼성전자, 상상인증권

현물가 반등의 온기는 4분기부터 확산될 예정이다. 다만 낸드 업황 부진 지속으로 DS 사업부의 흑자 전환은 2024년 이르면 상반기에 가능할 전망이다.

　　DDR5뿐만 아니라 DDR4의 현물가 반등도 관측되고 있다. DX 사업부는 연말 세트(PC, 스마트폰 등) 성수기로 실적 개선이 예상된다. SDC 사업부는 경쟁사와의 특허 분쟁 이슈가 있다. OLED에서는 소송 우위를 가지고 있으나, LCD와 터치패널 디스플레이에서는 취약한 상황이다. 심사관 피인용 특허(심사 단계에서 심사관이 레퍼런스로 인용해 후행 특허를 거절하는 데 사용한 특허) 보유 확대가 중요하다. Harman 사업부는 전장 산업 성장과 함께 안정적인 실적 개선세에 돌입했다. 2024년은 5세대 HBM(HBM3e)의 양산 및 매출 시기에 맞춰 실적 회복이 가속화될 전망이다.

SK하이닉스

SK하이닉스는 글로벌 메모리반도체 시장의 주요 플레이어로 반도체 사업부에서 디램, 낸드 플래시(Flash) 등을 생산 및 판매하고 있다. 2023년은 가격 프리미엄이 높은 4세대 고대역폭메모리(HBM3)를 엔비디아로 단독 공급하면서 가파른 실적 개선폭을 유지했다. 5세대 HBM인 HBM3e 생산이 본격화될 2024년에는 가격 프리미엄이 HBM3에서 HBM3e로 전이될 것으로 예상된다. HBM3 또는 HBM3e 공급에 경쟁사들의 예정된 진입은 시장의 확대에 의한 것이다. 따라서 여전히 기술 리더십을 가진 당사의 공급 물량은 꾸준히 증가할 것으로 보인다.

│ HBM 기술 리더십 유지

SK하이닉스는 메모리 3사(삼성전자, SK하이닉스, 마이크론) 중 HBM의 수혜를 가장 크게 본 기업이다. 특히 가격 프리미엄이 높게 형성된 엔비디아향 HBM3(4세대)를 독점 공급하면서 부진한 업황 속 실적 개선이 빛났다. 2023년 HBM 시장 규모는 약 43억 달러로 추정되는데, 이 중 HBM3는 22억 달러로 절반 이상을 차지하고 있었다. 경쟁사들과 여전히 HBM 기술 격차는 존재하는 것으로 보인다. 5세대 제품인 HBM3e는 HBM3의 성장 속도를 훨씬 상회할 것으로 예상되며 SK하이닉스는 이 기술 리더십을 기반으로 2024년에도 경쟁사 대비 빠른 수익성 개선을 보일 전망이다.

| 메모리 가격 반등과 수요 회복의 추세 전환

DDR4, DDR5 디램 모두 가격 반등 시작이 확인되었다. 수요의 회복은 지연되고 있으나, 적극적 공급 조절로 수급 밸런스가 맞춰지는 상황이다. SK 하이닉스의 디램 매출 중 DDR5의 비중은 2023년 말까지 50%를 넘을 것으로 예상되며, 2024년에도 계속 확대될 전망이다. 거시 경제의 불확실성과 경

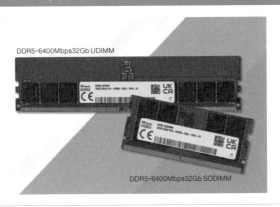

자료: SK하이닉스, 상상인증권

일반 서버와 AI 서버의 용량 차이			
	서버	AI 서버	미래 AI 서버
서버 디램 용량	500~600GB	1.2~1.7TB	2.2~2.7TB
서버 SSD 용량	4.1TB	4.1TB	8TB
HBM 사용량	-	320~640GB	512~1,024GB

자료: TrendForce, 상상인증권

기 침체 우려가 있지만, 메모리 가격이 바닥을 벗어났다는 인식이 확대됨에 따라 고객사들의 적정 재고 확보를 위한 수요가 이어질 것으로 예상된다.

한미반도체

1980년 설립된 한미반도체는 반도체 제조용 장비를 생산하는 기업이다. 주력 제품으로는 반도체 패키지를 절단하는 데 쓰이는 마이크로쏘(MicroSAW)와 반도체 검사 및 적재 공정에 사용되는 비전플레이스먼트(Vision Placement), 전자파 차폐 장비(EMI Shield)가 있다. 또한 고대역폭메모리(HBM) 칩 생산에 필수적인 본딩 장비(TC Bonder)를 제조 및 판매하고 있다. 다음의 세 가지 투자 포인트가 있으며, 하나씩 그 내용을 확인해보자. 첫째, HBM용 TC본더(Thermo Compression Bond, 열압착) 장비의 수주 확대가 전망된다. 둘째, 본더 장비의 신규 고객사 확보가 예상된다. 셋째, 어드밴스드 패키징 시장 확대에 맞춘 신규 후공정 장비군 출시가 예정돼 있다.

│ HBM용 TC본더 장비 수주 확대와 신규 고객사 확보

시장조사기관 트렌드포스(TrendForce)에 따르면 2024년 HBM 시장은 전년 대비 2배 이상의 성장이 예상된다. 한미반도체는 HBM 생산에 필수적인 본딩 장비를 SK하이닉스로 납품하고 있다. SK하이닉스는 HBM을 양산해 TSMC로 납품하고 있다. TSMC는 이 HBM을 포장(패키징)하고 엔비디아의

H100, A100과 같은 AI GPU를 생산한다. 엔비디아는 AI GPU 시장점유율 90%를 가지고 있으며, 높은 가격으로 제품을 판매한다. 2024년 HBM 시장은 메모리 3사(삼성전자, SK하이닉스, 마이크론)의 본격적인 경쟁이 예상된다. 한미반도체도 고객사의 HBM 생산 물량 증가에 따라 추가적인 TC본더 장비 수주도 기대되며, 충분한 납품 이력을 바탕으로 신규 고객사 확보도 가능해 보인다.

| 어드밴스드 패키징 시장 확대에 맞춘 신규 후공정 장비군 확대

반도체의 고집적화, 미세화에 따라 어드밴스드 패키징 시장이 확대되고 있다. TC본더에 이어 레이저본더(LAB) 장비의 필요성도 대두되었으나 낮은 생산성(UPH, Unit Per Hour)으로 효율성 이슈가 존재했다. 한미반도체는 레이저

| 한미반도체의 HBM용 열압착 장비 (Dual TC Bonder 1.0 Dragon) | 한미반도체의 CoWoS용 열압착 장비 (TC Bonder 2.0CW) |

자료: 한미반도체, 상상인증권

자료: 한미반도체, 상상인증권

드릴링, 커팅, 마킹 장비 등 다양한 레이저 응용 장비를 생산해온 이력이 있다. 2024년 상반기에는 신규 레이저본더 장비 출시도 기대되는 상황이다. TC본더와 레이저본더 모두 납품 가능한 한미반도체의 경쟁력이 한층 더 상승할 것으로 전망된다.

2차전지

피할 수 없는 성장통,
그리고 새로운 도약

백영찬 리서치센터장 | **유민기** 책임연구원

수요 둔화라는
성장통의 시작

2023년 상반기까지 강세를 보이던 국내 2차전지 관련 기업들의 주가는 지난 8월을 정점으로 약세로 전환되었다. 주가 하락의 이유는 성장 둔화다. 유럽과 중국의 전기차 판매량 둔화, 미국 완성차 업체들의 전동화 계획 일부 연기 등으로 향후 전기차 판매 감소와 이로 인한 2차전지 수요 둔화 우려가 크게 부각된 것이다. 성장주에게 피할 수 없는 성장통이 시작된 것으로 보인다.

시장의 우려대로 향후 세계 EV 배터리 수요 성장은 둔화될 전망이다. 2023년 세계 EV 배터리 수요는 851GWh로 전년 대비 45.1% 증가할 것으로 추정된다. 그러나 2024년과 2025년 세계 EV 배터리 수요는 각각 1,160GWh(+36.3% YoY), 1,509GWh(+30.1% YoY)로 과거 대비 성장 둔화가 예상된다. 향후 5년간 연평균 EV 배터리 수요 성장 또한 27.1%로 2018~2020년의 고성장과는 크게 다른 양상이 전개될 전망이다.

그동안 연평균 50% 내외의 고성장을 보이던 2차전지 산업에게 피할 수 없는 성장통이 시작되었다. 향후 2~3년간 2차전지 밸류체인(Value Chain) 전반에서 공급과잉에 따른 경쟁 심화로 수익성 하락이 예상된다. 분리막과 동박 등 일부 2차전지 소재에서는 수익성 하락이 이미 시작된 것으로 판단된다. 물론 한국 배터리 및 소재 기업들은 미국 IRA 정책 수혜를 통해 견조한 수익성을 지속할 것으로 전망한다. 그러나 중국 자체의 전기차 수요 둔화로 인해 촉발된 배터리 공급과잉은 유럽과 기타 지역에 부정적인 영향을 줄 것으로 보인다. 2022년 하반기부터 중국 전기차 수출이 급격히 증가하고 있고, 배터리 완제품 또한 중국 내부 공급과잉으로 인해 해외 수출이 빠르게 확대되는

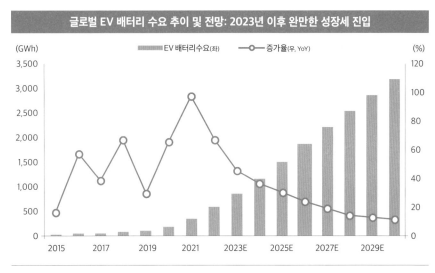

글로벌 EV 배터리 수요 추이 및 전망: 2023년 이후 완만한 성장세 진입

자료: BNEF, 상상인증권

양상이다.

세계 2차전지 설비 가동률 또한 지난 2022년을 정점으로 2025년까지 지속적으로 하락할 전망이다. 테슬라가 주도했던 세계 전기차 수요 급증의 시기(2020~2022년)에는 3년 연속 설비 가동률이 상승하였다. 그러나 2022년 하반기 중국과 유럽의 전기차 보조금 축소가 시작되고, 전기차 침투율 상승에 따른 소비 둔화가 이어지면서 2차전지 실질 생산량 증가 또한 둔화되고 있다. 수요 둔화와 공급과잉 악재로 인해 글로벌 2차전지 가동률은 2022년 70%에서 2025년 48%까지 하락할 전망이다.

한국 배터리 기업의 경우 미국 시장에 준독점적인 지위를 보유하고 있기 때문에 설비 가동률 하락은 제한적일 것이다. 그러나 미국 시장의 성장이 일시적으로 둔화되는 시점에서는 불가피하게 유럽과 기타 아시아 지역으로 시장을 확대해야 하는데, 이 경우 중국 배터리 기업과의 경쟁 심화가 우려될 수밖에 없는 상황이다. 중국에서 시작된 공급과잉은 우리 배터리 기업에게도 일부 부정적인 영향을 줄 것으로 보인다.

중국 배터리 기업들의 공격적인 증설로 인해 한국 배터리 기업의 시장 장악력은 당분간 하락할 것으로 보인다. 세계 2차전지 총 생산능력 기준 한국의 생산능력 비중은 2019년 74.1%로 정점을 기록하였으나 2022년 40.6%로 하락했고, 2024년에는 36.1%까지 낮아질 것으로 판단된다. 물론 미국 지역을 고려하면 실질적인 생산능력 비중은 50% 내외에서 꾸준히 유지되는 것으로 추정되지만 이론적인 생산능력 기준으로는 그러하다. 긍정적인 점은 2025년부터 다시 K-배터리 생산능력 비중이 상승할 수 있다는 것이다. 한국 배터리 기업의 시장 장악력이 다시 상승하는 이유는 한국 배터리 기업의 대

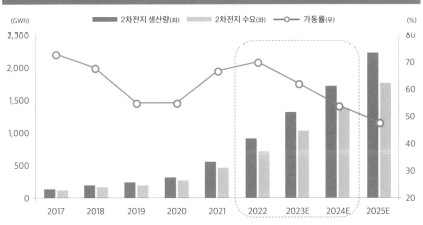

자료: BNEF, 상상인증권

규모 미국 신증설 상업 가동, 중국의 공급과잉으로 인한 신규 증설 둔화가 예상되기 때문이다.

EV 판매량 증가세 이어지나 우려 요소 가시화

결국 글로벌 배터리 시장에 제기된 우려는 단기적인 수급의 이슈다. 지난 몇 년간 이어진 EV 시장의 성장세가 둔화될 수 있다는 수요 측의 우려와 국내 및 중국 배터리 제조사들의 공격적인 증설 계획의 결과물인 것이다. 다만 구조적으로 전동화와 친환경 정책이 필수불가결하다는 점을 감안하면, 최근 셀 업체들의 선제적인 생산능력 확장의 동기는 정당화된다. 주목할 부분은 전방 시장이다. 배터리 산업의 향방을 논하기 위해서는 완성차 제조업체들이 전동화 추세에 어떤 전략을 취하고 있는지를 파악해야 한다. 따라서 완성차와 EV 시장을 살펴보도록 하겠다.

코로나 이전인 2019년 글로벌 자동차 판매대수는 약 9,000만 대 수준이었다. 2024년 차량 판매대수 예상치는 이에 조금 미치지 못하는 8,600만 대

글로벌 전체 완성차·EV 판매량 및 증감률 전망

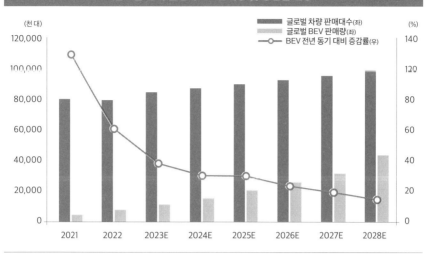

자료: 상상인증권 추정

수준이며, 2023년보다는 증가할 것으로 예상한다. 그러나 지역별 증감 내역을 보면 완성차 업체들에 희소식으로 보기 어려운 내용들이 있다. 자동차 최대 판매 국가인 중국이 +0.7%, 가장 수익성이 높은 시장인 미국이 +4% 미만의 성장을 기록할 것으로 예상한다. 북미 지역만을 놓고 보면, 선두인 테슬라조차도 2023년 대비 +50%의 성장 수준을 유지하기 어려운 환경이다. 또한 새로 주목받고 있는 리비안(Rivian)이 적극적으로 판매량을 늘려 영업적자를 벗어나기에도 어려운 상황이다.

2023년 하반기부터 글로벌 전기차 시장의 화두는 '가격 인하'였다. 북미 지역을 중심으로 완성차 업체들이 화려한 실적에도 불구하고 주목을 받지 못한 이유는 예상보다 저조한 EV 침투율이었다. 완성차 업체들의 전기차 생산일정 연기와 생산비용 증가에 대한 걱정이 이어지고 있다. 유럽 시장의 경우 시장 전망치에 부합하는 EV 판매량 증가율은 30~50% 수준이다. 목표치를 상회하는 회사는 아직까지 유럽 시장 내 판매 비중이 높지 않은 테슬라뿐이다. 한편 2023년 유럽 시장 내 EV 판매량은 합계 기준 양호한 성장률을 보여왔으나, 9월 한 달간 독일 시장에서 전년 동기 대비 -28.7% 감소하며 우려가 지속되고 있다.

일반적으로는 고가의 차량을 판매하여 이익을 많이 남기는 것이 관심사항이지만, 전기차만큼은 가격을 낮추어 침투율을 높이는 것이 중요한 요소가 되었다. 테슬라는 2023년 상반기부터 BYD의 리튬인산철(LFP) 배터리를 베를린 기가팩토리에 공급받기 시작했다. 기존에 유럽에 판매된 테슬라 차량에는 이보다 가격이 높은 LG에너지솔루션과 CATL의 삼원계 배터리가 탑재돼왔다. 가격 인하에 대한 시장의 요구에 발맞춘 대응으로 보인다. 자율주행 기술에서 테슬라가 보여준 부가가치를 높이고 전기차 생산비용은 낮추면서 북미 지역 외의 선진시장에서의 시장점유율 확대가 가능해질 것으로 전망한

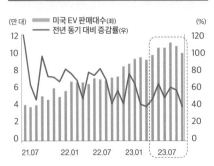

자료: Tesla, 상상인증권

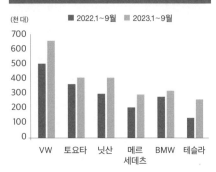

자료: Marklines, 상상인증권

다. 여전히 전기차 생산비용이 높은 포드, GM, 폭스바겐, 메르세데스-벤츠, BMW 등의 완성차 업체들과는 대조적이다.

테슬라의 가격 인하
핵심 요인은 LFP 배터리

모델3 하이랜드(Highland)에는 리튬인산철에 알루미늄과 망간, 아연을 첨가한 CATL의 M3P 배터리가 대당 66kWh로 적용될 것으로 전망한다. 시장 검증이 필요하겠지만 CATL은 M3P 배터리를 통해 LFP 배터리보다 저렴한 비용으로 15%가량 높은 에너지 밀도 구현이 가능함을 발표했다. 테슬라 또한 M3P 배터리 채택을 통해 추가적으로 유입될 고객층의 눈높이에 맞추어 끊임없이 전기차 생산가격을 낮추고 있다. 실제로 국내 시장의 경우 월 수백 대 판매에 그치던 모델Y가 4,000만 원 후반 수준의 모델을 출시하며 2023년 10월 판매량이 전월 대비 약 10배 증가했다. 이러한 원가 절감에 중요한 요소로는 중국이 강점을 가지는 LFP 배터리를 꼽을 수 있다. 한편 폭스바겐이 지분을 가지고 있는 중국 배터리 개발 제조업체 고션하이테크

또한 L6000 LMFP Astroinn 배터리를 개발하여 경쟁에 대비하고 있다.

북미에서 출시되는 모델Y에는 이미 4680셀 기반의 팩이 장착돼 있다. 탑재되는 배터리의 크기가 커진 것 이외에도, 테슬라의 팩은 경쟁사 대비 상당한 기술적 발전을 이루었다. ① 셀마다 붙어 있는 구리 탭 대신 팩을 구성하는 셀 여러 개를 모아 일체화된 탭에 연결하여 팩을 구성하는 방식, ② 레이저 용접 적용, ③ 팩 불량의 원인이 되는 고정 나사를 전부 제거하고 팩을 단단하게 고정하는 소재 적용, ④ 셀 사이 틈새를 단열소재로 전부 메꾸어서 팩의 고정력을 높임과 동시에 화재 위험성을 크게 낮추고 제조원가 절감을 구현하고 있다.

4680 폼팩터의 소개 이후, 아직 2020 배터리 데이 당시 언급한 효율은 내지 못하고 있다. 하지만 셀 크기의 최적화와 팩 기술의 발전으로 희귀금속

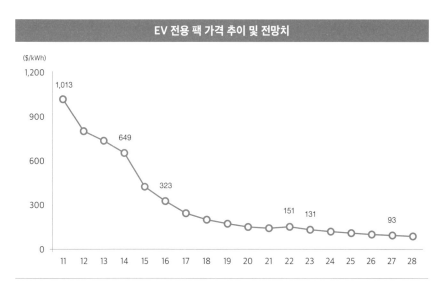

EV 전용 팩 가격 추이 및 전망치

자료: BNEF, 상상인증권

이 포함되어 kWh당 단가가 높은 삼원계 전지를 채택해야만 하는 이유가 점차 줄어들고 있는 것이 사실이다. 현재 적용 가능한 LFP 배터리의 경우에도 성능 고도화에 명백한 한계가 존재한다. 다만 완성차 제작 시 팩 기술을 중심으로 가격에 민감한 고객층의 수요를 맞출 수 있다는 점이 점차적으로 시장에서 입증되는 시점이다.

테슬라 이외에 이러한 변화를 가장 잘 준비하는 곳은 중국의 신생 완성차 업체들이다. 리튬인산철(LFP) 배터리 기반으로 EV를 생산하면서 동일 성능의 타 제품 대비 가격경쟁력이 부각되고 있다. 가격 인하가 현재의 EV 산업이 당면한 최대의 과제인 상황에서 kWh당 130달러를 초과하는 삼원계 전지 대비 kWh당 95달러 미만의 리튬인산철의 판매 비중이 점차적으로 높아지고 있는 것은 당연한 흐름이다. 중국 전기차 업체들의 유럽 시장 판매량은 2021

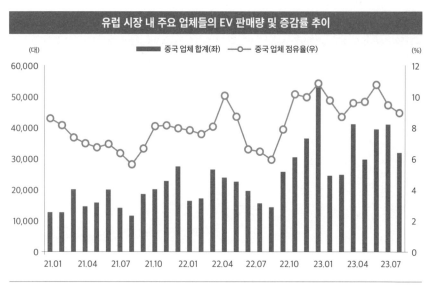

자료: Marklines, 상상인증권

년 이후 빠른 속도로 증가했다. 유럽 전체 자동차 시장에 비하면 작은 규모이지만, 순수 전기차만을 기준으로 놓았을 때 유의미한 비중이 되었고 연간 +50% 이상의 성장률을 기록하고 있다.

BYD는 하이브리드 차량을 포함한 글로벌 친환경차 판매량 합계 기준으로 테슬라를 뛰어넘는 강력한 경쟁 업체다. BEV 승용차는 아직까지 중국 내수의 비중이 절대적이지만, 메르세데스-벤츠와의 합작회사 덴자(Denza)를 통해 전기 SUV 차종을 선보이는 등 유럽 시장으로의 영향력을 점차 확대하고 있다. 테슬라의 모델2 생산일정이 불투명한 것과 달리, BYD는 2022년에 판매가 1만 3,000달러인 전기차 위안 프로의 판매를 중국 내에서 시작했다. 상용차량의 선진시장향 수출은 이미 진행 중이다. BYD가 생산한 전기버스 및 트럭은 이미 미국과 서유럽 국가들을 포함한 50개 이상의 국가에서 운행 중에 있다.

2024년 EV 시장, 가격 인하 대응이 관건

2024년에도 시장에 변화를 보여줄 완성차 업체는 여전히 테슬라로 예상한다. 다만 북미와 중국 시장에서의 성장세는 2023년 상반기 만큼 시장의 기대를 채우기에는 부족할 수 있다. 2024년 유럽에서 출시되는 전기차 라인업은 BWM i5, 벤츠 EQG 등 판매량이 고정돼 있는 주요 차종의 전기차 버전이다. 테슬라는 베를린 기가팩토리의 생산량을 점차 늘리고, LFP 배터리 기반으로 생산가격을 낮춤에 따라 유럽 시장의 수요를 맞출 것으로 예상한다. 2024년 유럽 시장에 한해서는 테슬라가 50% 이상 큰 폭으로 성장할 것을 예상한다. 추가적인 관세 부과나 향후 정책장벽의 영향을 살펴야 하지만, 확실한 가격경쟁력을 기반으로 한 중국의 EV 판매량 변동 또한 지켜볼 필요가 있다. 가장 중요한 것은 삼원계 배터리를 기반으로 한 한국의 2차전지 셀·소재 업체들이다. 선진시장 내 정책 수혜에 대한 의문이 제기되는 시점에서 보급형 전기차라는 시장의 필요에 맞춘 셀 양산까지는 2년 이상이 소요될 것으로 예상된다.

한편 테슬라는 북미 지역에서도 2023년 1~10월 기준 판매량 전년 동기 대비 +30%가량 증가했다. 해당 기간 테슬라는 56만 4,215대를 판매하여 57.1%의 시장점유율을 기록했다. 차종별로는 모델Y가 1위로 33만 6,535대, 모델3가 2위로 19만 2,000 대, 모델X와 모델S가 각각 2만 300대, 1만 5,200대를 기록했다. 2위인 GM은 6만 3,494대로 시장점유율 6.4%, 포드는 5만 3,502대로 시장점유율 5.4%, BMW는 3만 6,129대로 시장점유율 3.6%를 기록했다. 코로나 팬데믹 직후 시장점유율 기준으로 북미 완성차 업체들의 추격이 진행되었으나, 2023년 들어 선두와의 격차는 유지되고 있다.

전미자동차노조(UAW)와의 잠정협의 이행으로 인한 비용 증가가 예정된 북미 완성차 업체들의 전기차 판매 성장을 기대해볼 시점은 더욱 뒤로 미루어졌다. 이에 따라 2024년 선진시장의 EV 침투율과 배터리 수요를 견인할 선두업체는 테슬라가 유력할 것으로 예상한다. 다만 ① 중국 시장에서 테슬라가 점유율을 더 높일 수 있을지의 여부, ② 북미 지역 소비경기 및 다른 소비재 섹터에서의 어려움을 겪는 가운데 테슬라 자체의 가격 정책을 통해 전기차 수요 둔화 국면을 극복할 만한 가능성이 있는지의 여부가 선결 과제다. 2024년 이후에 대한 기대감을 불러일으켰던 북미 Big3 완성차 업체와 폭스바겐의 전기차 생산계획이 수정되는 가운데, 테슬라를 비롯 현대차그룹과 토요타의 전기차 판매 추이는 기대해볼 필요가 있다.

테슬라는 베를린 기가팩토리가 본격 가동을 시작한 2022년 2월 이후,

유럽 시장 내 판매량을 꾸준히 늘려왔으며, 2023년 누적 기준 친환경차 판매량 1위를 기록했다. 유럽 시장의 EV 판매대수 증가 추세가 둔화됨에도 불구하고, 테슬라의 2023년 1~8월 합계 판매량은 전년 동기 내비 +120.1% 증가한 21만 227대를 기록했다. CATL과 BYD로부터 공급받은 LFP 배터리를 탑재함에 따라, 삼원계 배터리를 적용한 차종 대비 30% 이상 원가 절감 효과를 누린 것으로 추정한다. 확실한 비용 절감을 기반으로, 전기차 시장 성장세가 둔화되는 2024년에도 테슬라만은 판매량을 확대할 가능성이 높을 것으로 예상한다.

테슬라는 이미 베를린 기가팩토리의 EV 생산량을 기존의 연간 50만 대에서 연간 100만 대 수준으로, 배터리 생산량은 100GWh 규모로 늘리는 확장 계획을 2023년 8월 독일 정부 측에 제출하여 승인 대기 중이다. 한편 테슬라는 유럽 지역 내 충전 인프라 설치와 관련해 EU로부터 약 1억 5,000만 유로를 지원받을 예정이다. 테슬라의 폴란드와 이탈리아 자회사는 EU 집행위원회가 추진하는 AFIF(대체연료 인프라 시설) 프로젝트에 각각 선정되었다. 유럽연합(EU) 내 22개국 687개 장소에 각각 250kW의 출력을 갖는 7,198개의 충전소를 신규 설치 또는 교체할 예정이다. 역대 최대 규모의 보조금만큼이나 중요한 부분은 유럽 지역에서도 테슬라가 차량 판매 1위를 견고하게 유지해나갈 인프라적 기반을 먼저 갖춘다는 점이다.

유럽 지역은 기본적으로 자국 내 완성차 브랜드에 대한 고객들의 충성도가 높은 것으로 알려져 있다. 다만 이러한 선호도 또한 대량판매 브랜드인지, 동일 세그먼트 내 어떤 포지션인지에 따라 차이점이 발생한다. 상위 3~4개사에 해당하는 프리미엄 브랜드를 제외하고는 재구매 의사가 70% 이하임을 확

	2018	2019	2021	2022	2023(~8월)
브랜드별 유럽 지역 내 친환경차 판매량 순위					
1	르노-닛산	테슬라	VW 그룹	VW 그룹	테슬라
2	BMW 그룹	르노-닛산 얼라이언스	스텔란티스	스텔란티스	VW 그룹
3	현대-기아	BMW 그룹	현대-기아	현대-기아	스텔란티스
4	VW 그룹	현대-기아자동차 그룹	메르세데스-벤츠	BMW 그룹	현대-기아
5	테슬라	VW 그룹	BMW 그룹	테슬라	BMW 그룹
6	메르세데스-벤츠	지리홀딩그룹	르노-닛산	메르세데스-벤츠	지리홀딩그룹
7	지리홀딩그룹	메르세데스-벤츠	테슬라	지리홀딩그룹	메르세데스-벤츠
8	미쓰비시	미쓰비시	지리홀딩그룹	르노-닛산	르노-닛산

자료: Marklines, 상상인증권

인할 수 있다.

현재 CATL과 BYD의 배터리를 적용한 테슬라의 엔트리 차종 모델3가 폭스바겐, 스텔란티스, 포드 등 대중 브랜드의 내연기관 및 하이브리드 일부 차종 가격과 유사한 수준까지 내려와 있다. 모델3의 페이스리프트 격인 '모델3 하이랜드'는 중국 시장에서 사전 판매를 시작했다. 2023년 4분기부터 중국 내 인도 예정인 해당 차종은 판매가가 20만 위안(약 3,450만 원)부터 시작해 벤츠·BMW·아우디의 동급 모델보다 저렴하다. 이를 감안할 때 2024년 전체적인 자동차 시장 판매대수가 2023년보다 크게 증가하지 않더라도, 가격 메리트를 통해 많이 판매되었던 유럽 브랜드 일부 차종을 테슬라 모델3와 모델Y가 대체할 가능성이 높아질 것으로 예상한다. 실제로 저렴한 가격에 판매가 가능한 중국 EV 업체들은 이러한 이점을 누리며 성장세를 보여왔다.

최근 텍사스 오스틴 공장에서 모델Y AWD 생산이 라인업에서 제외되었다. 공장이 생산계획을 변경하는 것은 자주 있는 일이지만, 텍사스 오스틴 공장이 기존에 4680셀을 적용한 모델Y의 생산 거점이었음을 감안할 때 테슬라의 새로운 상용차량 라인업인 사이버트럭 인도가 머지않았음에 대한 기대가 가능하다.

베를린 기가팩토리 가동 이후, 불과 1년 남짓 만에 유럽 EV 시장에서 테슬라의 모델3와 모델Y는 각각 판매량 1, 2위를 기록하고 있다. BYD가 개발한 LFP 계통의 블레이드 배터리와 CATL의 M3P 배터리 채택뿐만 아니라 다양한 원가 절감 시도를 통해 가격경쟁력을 높일 것이다. 현재 10% 초반 수준의 전기차 침투율을 유지하고 있는 유럽 시장에서 판매량을 늘려가면서 중장기 EV 시장 성장과 침투율의 빠른 증가를 리드할 수 있을 것으로 예상

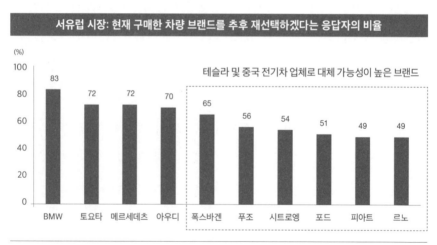

서유럽 시장: 현재 구매한 차량 브랜드를 추후 재선택하겠다는 응답자의 비율

자료: Marklines, 상상인증권

한다.

그러나 자국 내 고정 수요층이 탄탄한 유럽 프리미엄 메이커들이 존재한다. 테슬라에 뒤이어 빠르면 2024년 말부터 수요에 적합한 EV 전략을 실행할 것으로 예상한다. 벤츠의 경우 2024년 출시되는 엔트리 라인업인 EQA와 EQB에 CATL 헝가리 공장에서 생산되는 LFP 배터리를 장착한다. BMW는 2025년 본격 출시하는 노이에 클라세(Neue Klasse) 전기차 라인업에 CATL 유럽 공장(20GWh 규모)으로부터 공급받는 배터리를 탑재할 예정이다.

BMW와 벤츠는 전 차종 합계 기준 연간 200만 대 수준의 판매와 생산을 기반으로 높은 마진을 유지하는 OEM이다. 전동화 전환에도 일정 수준의 판매량과 마진을 보호할 수 있는 고정 고객층을 유지하며 EV 침투율 증가를 달성할 것으로 예상한다. 하이엔드 이미지가 구축된 브랜드인 만큼 가격경쟁력이 확보된 이후 신흥시장에서의 확장성도 중장기적으로 기대해볼 수 있다. 벤츠는 2024년 출시될 CLA EV 모델에 BYD의 블레이드 배터리를 채택할 예정이며, BMW 또한 중국 공장에서 생산되는 모델인 iX3에 CATL의 배터리를 채택하였다.

한편 전미자동차노조의 파업은 사측과 잠정합의 단계에 이르렀다. 또한 스텔란티스를 포함 미국 Big3 완성차 업체들은 토요타, 혼다, 기아, BMW에 비해 재고 수준이 높은 것으로 확인된다. 이러한 가운데 기존 완성차 업체들이 출시하는 전기차가 높은 가격에도 불구하고 소비자의 요구사항을 만족시키지 못함에 따라, 북미 지역 전기차 판매 증가세가 둔화될 우려가 불거지고 있다. 미국의 Big3 완성차 업체들이 잠정합의 이행을 위해 대규모 비용 지출을 계획하고 있는 가운데, 소비자를 만족시킬 만한 성능을 가진 '저렴한 가격'의 전기차를 생산하는 데 많은 난관이 있을 것으로 예상한다.

실제로 GM은 수요 둔화를 근거로 들어 2년 전 제시했던 2026년까지 EV 생산계획의 철회를 발표했으며, 포드도 F-150 EV 수요 둔화에 대응하기 위해 F-150 하이브리드 생산을 늘릴 것을 발표했다. 미국 완성차 업체들은 임금 인상에 대한 협상이 끝남에 따라 인건비와 기타 투자비용에 대한 부담은 크게 늘어날 것으로 예상되는 반면 출시되는 EV의 가격은 점점 낮춰야 하는 부담에 직면하고 있다.

최근 유럽연합 집행위원회는 중국의 EV 업체들이 자국 정부의 무분별한 보조금 정책의 수혜를 받으며 유럽 시장 내 공정경쟁 훼손을 근거로 보조금 관련 조사에 착수할 것임을 밝혔다. 현재까지 구체화된 것은 없지만, 조사 시행에 따라 현재 10%가량 부과된 중국 생산 EV에 추가적인 관세가 부과될 것으로 예상된다. 그럼에도 불구하고 국내 셀 업체들이 유럽 시장에서 중국의 LFP 배터리 대비 압도적 우위를 점하기는 어려울 것으로 예상한다.

중국의 배터리 업체들은 미국 EV 시장으로의 진입이 사실상 불가능하다는 점에서 저평가를 받고 있다. 유럽 시장에서는 추가적인 관세 부과의 위험이 있지만, 중장기적으로 미국만큼 강력한 정책장벽이 형성되기는 어려울 것으로 예상한다. 추가적인 관세 부과 등으로 중국 EV의 유럽 시장 판매가격이 상승하게 되더라도, 유럽 완성차 업체와 국내 완성셀 업체가 누리게 될 반사이익은 크지 않을 수 있다.

유럽은 이미 핵심원자재법(CRMA)을 통해 2030년까지 전략 원자재 소비량의 65% 이상을 특정 제3국에서 수입하지 못하도록 하였다. 북미 시장의 경우 IRA 법안을 통해 중국 기업의 진입을 철저하게 제한함에도 불구하고, 연방정부 차원에서 중국 업체와의 기술제휴 등을 승인하는 우회 사례 등도 접할 수 있다. 선진시장의 정책적 장벽 강화는 국내 셀·소재 업체들에게 기회임은 분명하지만, LFP 혹은 비슷한 가격에 좋은 성능을 낼 수 있는 소재의 상용화 시점은 빨라야 2026년으로 예상한다.

4680 vs 각형 LFP, 배터리 시장의 미래

현재 테슬라가 채택한 배터리 공급사는 4개사로 CATL의 LFP, BYD의 블레이드, LG와 파나소닉의 원통형 전지를 공급받고 있다. LFP 사용을 통한 가격경쟁력 확보도 중요한 부분이지만, 퍼포먼스 모델의 생산단가를 낮추기 위해 테슬라는 4680 전지의 자체 생산을 계획하고 있다. 테슬라의 효율적 양산까지 시간이 소요될 것으로 예상되는 가운데, 향후 4680 원통형 생산자는 파나소닉이 단일 공급자로 예정돼 있다. 다만 파나소닉의 4680 전지 양산일정이 당초 예상 대비 차질을 빚고 있는 상황에서, LG에너지솔루션의 4680 배터리 양산계획이 2024년 하반기로 구체화된 것은 주목할 필요가 있다. 테슬라의 차량 판매대수가 증가하는 가운데 향후 LG에너지솔루션의 테슬라향 4680 물량 수주 가능성도 기대해볼 수 있다.

4680 셀은 지름 46mm, 높이 80mm의 원통형 전지다. 2020년 배터리데이에서 테슬라가 다양한 원형전지 폼 팩터들을 대상으로 실험해본 결과 크기·무게 대비 최적의 성능을 내는 사이즈로 언급한 바 있다. 당시 언급된 수준이라면 기존의 21700 전지 대비 에너지 밀도 5배, 출력은 6배 높으며, 팩 장착 시 EV의 주행거리를 +16%가량 늘릴 수 있게 된다. 다만 현재 양산 물량을 늘리고 있는 4680 전지의 경우 많은 개선이 이루어졌지만, 기존의 21700 셀 기반 팩 대비 약속한 성능 수준까지의 개선은 시간이 걸릴 것으로 예상한다. 4680 전지가 발표했던 에너지 밀도와 출력을 구현할 수 있다면, 팩에 투입되는 셀의 양 조절을 통해 LFP 배터리 팩 대비 원가 절감 효과를 달성할 수도 있을 것으로 예상한다.

기존의 모델Y는 2170 배터리 4,416개로 구성된다. 기존의 2170 배터리는 하나당 3.6V의 전압과 5Ah의 전류를 가지며, 1,150개 모듈 2개와 1,058개 모듈 2개로 조합된다. 46개의 배터리를 병렬로 연결하고 96개의 배터리를 직렬로 연결하면 전압은 96 × 3.6V = 346V가 되고, 전류는 46 × 5Ah = 230Ah

자료: Tesla, 상상인증권

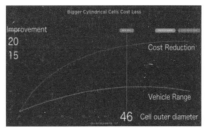

자료: Tesla, 상상인증권

가 된다. 그러므로 총 전력은 346V × 230Ah = 80kWh를 얻는다.

출시된 모델Y에 830개의 4680 배터리팩의 경우, 4680 배터리는 전압은 3.6V로 같지만 크기가 5.5배이므로 약 28Ah의 전류를 가질 것으로 계산된다. 모델Y 기준으로 사용되는 배터리 숫자는 기존의 4,416개에서 78% 적은 830개의 배터리로 같은 전압과 동일한 전력을 얻게 된다. 이론적으로는 960개의 배터리를 투입이 가능하며, 설계에 따라 전압을 더 올리는 것도 가능하다고 한다. 다만 전압을 무조건적으로 높이는 것보다는 원가 및 성능 효율화를 위한 최적 전압이 중요한 만큼 현재의 구성을 앞으로도 유지할 가능성이 높을 것으로 추정한다. 현재 4680셀에 적용된 양극재는 하이니켈이며, 음극재에 실리콘은 아직 적용되지 않고 있다.

LFP 배터리팩을 사용할 시의 성능인 55kWh와 동일한 스탠더드 레인지(Standard Range) 모델을 생산할 때 필요한 4680셀의 개수는, 2170 기반 롱 레인지(Long Range) 대비 20% 감소한 672개 정도로 확인된다. 4680셀 670개의 생산단가가 BYD 혹은 CATL이 기존에 공급하던 LFP 셀 기반 팩과 유사하거나 저렴한 가격을 달성할 시 시장 무게중심이 LFP로 옮겨갈 수도 있을 것으로 예상한다. 테슬라 이외의 OEM이 이만큼의 효율을 달성할 수 있을지의 여부는 여전히 미지수다.

4680은 기존의 2170셀 대비 셀 두께가 4배가량 두껍다. 이 때문에 4680은 동일 셀 무게당 에너지 밀도를 높이기가 불리한 구조인데, 테슬라는 양·음극재 도포 두께 20% 증대, 음극재 건식도포를 통해 성능을 개선해온 것이 확인된다. 삼성SDI를 포함해 한국의 셀 업체들은 셀의 높이(4695, 46120 등) 조정을 통해 고객사의 설계 요청사항을 맞춤은 물론 용량을 확대할 것으로 예상한다.

하이니켈 양극재를 통한 용량 개선은 이미 진행 중이며, 음극재에 실리콘 사용하는 방안, 테슬라의 경우 양극재 건식도포를 통해 성능 개선을 진행하고 있다. 한편 중국 셀 업체들의 경우 CATL이 46파이 시양산 중이며, 중국 내 4위인 EVE에너지가 테슬라보다 높은 밀도의 46파이 전지 양산이 가능함을 자체 발표한 바 있다. 그러나 성능에 대한 검증은 물론 EV에 적용하기 위한 절차의 진행 여부 또한 불투명한 상황이다.

EVE에너지와 CATL의 경우 현대차에 삼원계 배터리를 납품한 이력이 있지만, 그들이 양산한 삼원계 전지는 대부분 중국 완성차 업체의 EV에만 탑재돼왔다. 각 사 기준으로 시양산에 성공한 제품을 EV 고객사에게 실제로 판매하기까지 수년이 걸리는 만큼, 2024년 46파이 양산을 시작하는 국내 셀 업체들이 향후 LFP와 망간 계통 전지로의 개발도 속도를 높인다면 새로운 시장의 영역을 개척해나갈 여지는 충분할 것으로 예상한다.

중국의 배터리 업체인 궈시안(Gotion)은 세계 8위 수준의 배터리 생산능력을 가지고 있다. 배터리 생산 내재화를 계획에 두고 있는 폭스바겐은 궈시안의 최대주주이며, 2030년까지 300GWh의 생산능력을 확보할 예정이다. 궈시안은 2022년 10월 미시간주에 23억 달러를 투자해 배터리 공장 건설 계획을 발표했다. 미국의 IRA 법안과 맞물려 여러 잡음이 있었지만, 최대주주가 독일의 자동차 회사임이 인정되어 예정대로 미시간주에 공장을 짓게 되었다. 중국을 배제하려는 정치적 움직임과 법령 해석이 존재함에도 불구하고, 미국의 자동차 산업이 보다 빠르게 EV로 전환하기 위해서는 보다 낮은 가격에 핵심 부품을 공급하는 중국 기업과의 협력을 빼놓을 수 없는 상황이다.

궈시안의 미시간 플랜트 조감도

자료: Gotion, 상상인증권

CATL의 독일 공장 내부

자료: CATL, 상상인증권

　포드 또한 미시간주에 35억 달러 투자를 통해 건설하는 LFP 배터리 공장을 설립과 관련해 CATL과 기술 지원에 대한 로열티를 제공하는 제휴를 맺었다. 이후 테슬라가 포드와 유사한 제휴 방식으로 CATL과 텍사스 공장 설립을 논의한 바 있다. 다만 연방정부 및 주정부와 구체적인 사항을 논의 중이라는 언급 이후 공시된 사항은 없다. 하지만 테슬라가 EV 가격을 인하하기 위해 상하이와 베를린 기가팩토리에서 CATL의 LFP 배터리 채택을 늘리고 있으며, 중국 배터리 업체의 중요도는 점차 높아짐에 주목해야 한다. 한편 CATL은 독일 에르푸르트에 14GWh 규모의 공장을 2022년에 완공하여 가동 중이며, 헝가리에 100GWh 규모의 공장이 2025년에 완공 예정이다.

글로벌 배터리
소재 수급 분석

| 양극재: 초과공급 국면이 당분간은 이어질 것

중국을 제외한 글로벌 양극재 생산량은 2030년 기준 약 500만 톤으로 글로벌 양극재 수요량에 근접할 것을 예상한다. 다만 중국을 포함하면 단기적인 초과공급 현상이 발생한다. 글로벌 양극재 시장 내 중국 외 업체들의 예상 점유율은 30% 수준으로 예상된다. 중국의 양극재 생산능력은 2025년까지 100만 톤 이상 증가할 것으로 보인다. 기존에는 해당 물량이 중국 외 제조업체에 공급되기 어렵다고 예상했으나, 최근 중국의 주요 2차전지 업체는 유럽 현지 생산을 위한 투자 및 공급 계약을 이미 진행 중이다. 이에 따라 2025년 기준 국내 양극재 4개사의 양극재 생산능력이 140만 톤, 중국 업체들의 생산능력이 100만 톤 규모임을 가정하면, 총수요 200만 톤 대비 40

만 톤의 초과공급이 발생한다.

장기적으로 중국 업체들이 선진시장 공급망에서 배제됨에 따라 한국을 포함한 주요 2차전지 업체들이 수혜를 받을 것을 기대해왔다. 그러나 국내 2차전지 업체들에 대한 낙관적인 전망에는 두 가지 문제점이 있다. 첫 번째는 미국 내 전기차 생산계획이 수요 측 요인으로 연기되고 있다는 점이고, 두 번째는 중국의 2차전지 및 소재 업체들이 유럽을 비롯한 선진시장 진출에 적극적이라는 점이다. 2030년 국내 4사의 양극재 생산능력은 약 300만 톤, 글로벌 양극재 수요량이 470만 톤임을 감안하면 국내 업체들의 공급만을 고려했을 때 초과수요가 예상된다. 다만 중국 업체들의 선진시장 침투율이 지속적으로 증가함을 고려하면 국내 양극재 업체들의 절대적 우위는 어려울 것으로 보인다.

국내 셀 제조업체들의 LFP 배터리 양산은 대부분 2026년 상반기로 예정돼 있다. 비용 차원에서의 난제들을 해결하기 위해 다양한 소재 개발과 기술적 발전이 진행되는 중이다. LFP 배터리 양산에 있어 국내 셀 및 소재 업체들

글로벌 양극재 수요 및 국내 4개사 공급 전망

자료: 상상인증권 추정

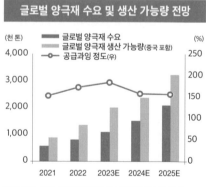

글로벌 양극재 수요 및 생산 가능량 전망

자료: 상상인증권 추정

은 후발주자이며, 가공비 측면에서도 중국 업체 대비 불리한 요소가 존재한다. 따라서 국내 소재 업체들은 삼원계보다 저렴한 망간 계통 소재의 개발과 원사재 확보 등의 노력을 동시에 추진해 재료비 절감에 집중하고 있다.

| 음극재: 초과공급, 선진시장 정책 수혜의 시기는?

2025년 기준 글로벌 음극재 예상 수요량은 127.3만 톤, 예상 생산 가능량은 295.2만 톤으로 초과공급 국면이 지속될 것을 예상한다. 중국 업체들의 추가 증설 이행 여부와 IRA의 단계적 적용에 따른 국내 소재 업체들의 본격 수혜 시점에 관심이 쏠린 상황이다. 포스코퓨처엠의 경우 현재 생산 가능량 7.4만 톤 중 실제 가동은 5.5만 톤에 불과하며 단기 가격경쟁 또한 심화되고

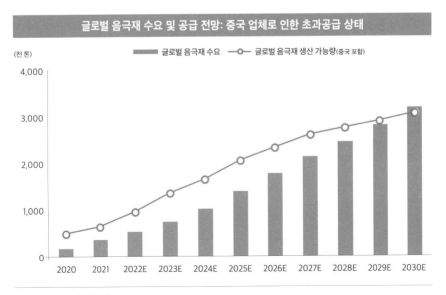

글로벌 음극재 수요 및 공급 전망: 중국 업체로 인한 초과공급 상태

자료: Marklines, 상상인증권

있다. 보조금 혜택을 받는 중국 업체들의 가동률 또한 전체 생산 가능량의 70%를 하회하는 수준이다.

현재 흑연 기반 음극재를 생산하는 국내 기업으로는 포스코퓨처엠이 있으며, SK머티리얼즈와 LG화학이 실리콘 기반 음극재 개발 및 양산을 진행 중에 있다. 이들이 음극재 사업부에서 유의미한 영업이익률을 달성하기 위해서는 선진시장 내 장기적인 정책 수혜가 필요하다. 그 시기는 2025년 이후로 예상한다. 향후 중국이 흑연 수출을 통제할 경우 중국 외 지역의 흑연 기반 음극재 생산업체들은 타격을 입을 수 있으나, 그 영향에 대해 논의하기에는 이른 시점이다. 다만 IRA를 비롯 선진시장 내 핵심 소재 관련 정책 시행이 지속됨에 따라 장기적인 초과공급 국면은 해소 가능할 것으로 예상한다.

| 분리막: 미국의 장기 성장 여력에 주목

2024년 글로벌 분리막 수요는 158억 ㎡, 생산능력은 336억 ㎡로 공급과잉 상태가 지속될 것으로 판단한다. 그 원인은 분리막 수요 대비 지나친 공급능력의 증가 때문이다. 글로벌 분리막 생산능력은 2023년 67.9억 ㎡ 증가할 예정인데, 이 중 SEMCORP, SENIOR, SINOMA의 생산능력이 48.3㎡로 글로벌 증설량의 대부분을 차지할 것으로 예상된다. 따라서 2024년 기준 중국 분리막 3사의 생산능력은 글로벌 시장 기준 70.1%를 차지할 것으로 판단된다.

단기적으로 중국 업체들의 LFP 배터리 확장세에 따른 시장 영향을 피할 수는 없을 전망이다. 배터리 소재 사업 특성상 최종 고객사 수요에 영향을 받을 수밖에 없기 때문이다. 현재 인플레이션 방지법을 통해 명시적으로 중국 공급망을 배제한 미국 시장을 제외하면, 가격경쟁력이 우수한 중국산 배터리를 효과적으로 견제한 수단이 없다. 특히 유럽연합의 핵심원자재법이 특정 국가에 대한 차별적 조항이 없다는 점에서 국내 업체에 큰 도움이 되지 않을 수도 있다.

장기적으로는 중국 업체들의 시장 잠식이 심화될수록 비중국 제품에 대한 프리미엄은 높아질 전망이다. 선진국 입장에서 첨단산업의 밸류체인은 국가 안보에 직결되기 때문이다. 장기적으로 중국 업체들의 시장 장악 전략은 공급망 안정화라는 명목하에 견제될 가능성이 높다. 중국 시장을 제외한 글로벌 분리막 수급은 2025년 기준 수요 113억 ㎡, 생산능력 105억 ㎡를 기록하며, 공급 부족이 시작될 전망이다. 특히 미국 내 분리막 수요가 2030년 87억 ㎡를 기록하며 비중국 제품의 수요 성장을 견인할 것으로 판단된다.

글로벌 분리막 수급 분석

자료: 상상인증권 추정

미국 분리막 수요 전망

자료: 상상인증권 추정

LG에너지솔루션

글로벌 리튬이온 배터리 사업의 선두주자로, 2022년 LG화학의 전지 사업 부문을 물적 분할하여 설립되었다. 2023년 9월 기준 중국 시장을 제외한 시장점유율은 28.1%로 글로벌 1위이며, 10월 기준 수주잔고는 500조 원 이상으로 추정된다. 향후 미국 내 대규모 생산능력 확대를 통해 안정적인 성장세를 이어나갈 것으로 판단된다.

| Top5 완성차 모두와 공급 계약, 미국 내 확고한 시장 지배력

2023년 10월 LG에너지솔루션은 일본 토요타자동차와 연간 20GWh 규모의 북미 전기차 배터리 공급 계약을 체결했다. 이번 계약으로 LG에너지솔루션은 글로벌 Top5 기업인 토요타, 폭스바겐, 르노-닛산, 현대차, GM 모두와 배터리 공급 계약을 체결한 것이다. 또한 2023년 GM JV(얼티엄셀즈) 1공장이 본격적인 상업생산을 시작했다. 또한 2024~2025년에 총 5개의 JV 및 단독 공장의 신규 상업생산이 예정돼 있다. 과거 고성장을 보이던 중국과 유럽의 전기차 수요 둔화가 예상되는 반면, 미국의 전동화로 인한 전기차 수요는 가장 클 것으로 판단된다. 가장 큰 전방시장에서 확고한 시장 지배력을 바탕으로 배터리 기업 중 가장 성장성이 높을 것으로 판단된다.

│ 단기 장애요인 상존, 그러나 넘을 수 있는 장애물

최근 거시 경제 이슈로 유럽과 중국 내 전기차 판매량이 둔화되기 시작했으며, 이에 미국 일부 완성차 업체들의 전동화가 연기되었다. 또한 영국 내 내연기관차 신차 판매 금지 시기가 2030년에서 2035년으로 늦춰지는 등 유럽 내 친환경 정책 역시 지연 가능성이 높아졌다. 다만 구조적으로 친환경 정책과 전기차 확대는 결코 바꿀 수 없는 상황이다. 장기적인 관점에서 성장산업으로서 매력은 여전히 충분하다.

LG에너지솔루션 배터리 수주잔고 추이
(조 원)
2020: 150, 2021: 260, 2022: 380, 2023E: 500, 2024E: 630, 2025E: 750
자료: LG에너지솔루션, 상상인증권

LG에너지솔루션 배터리 생산능력 전망
(GWh)
2020: 135, 2021: 158, 2022: 188, 2023E: 300, 2024E: 340, 2025E: 495
자료: LG에너지솔루션, 상상인증권

SK이노베이션

석유화학, 윤활유, 배터리, 소재 사업 등을 영위하는 글로벌 에너지·소재 업체다. 본래 석유 개발부터 화학제품 생산에 이르는 수직 계열화를 통해 석유·화학 사업의 벨류체인을 보유했으나, 최근에는 배터리와 소재 분야에 대한 지속적인 투자를 통해 친환경 사업 비중을 확대해나가고 있다.

❘ 2024년 흑자 전환, 수율과 생산성의 향상

2023년 SK온의 매출액은 13.3조 원으로 전년 대비 74.4% 증가할 것으로 보인다. 다만 영업손익은 −6,868억 원으로 적자를 지속하는 양상이다. 외형 급증에도 불구하고 초기 가동비용으로 손익 개선이 지연된 영향이다. 다만 2024년은 미국 조지아 공장 증설의 효과가 제대로 반영될 것으로 판단한다.

SK온의 2024년 영업이익은 4,188억 원을 기록하며 흑자 전환이 예상된다. AMPC 세액공제 효과와 미국 공장의 생산성 및 수율 향상, 지역별 판매량 증가가 배터리 사업의 실적 호전을 견인할 전망이다. 현재 미국 OEM 판매량 증가로 생산성과 수율 모두 상승하며 외형 성장과 수익성 개선 모두 진행 중이다. 배터리 가동률은 2022년 말 60% 후반에서 2023년 3분기 80% 초반까지 상승한 것으로 판단된다.

❘ 전기차 판매 성장률 둔화, 장기 성장 추세는 여전히 유효

2024년 글로벌 전기차 배터리 수요는 전년 대비 36.3% 증가한

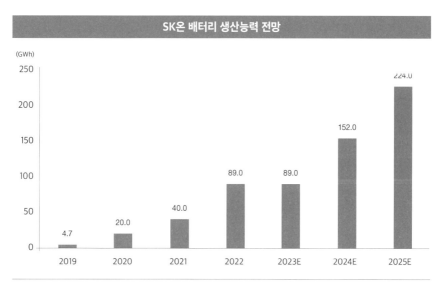

SK온 배터리 생산능력 전망

(GWh)

- 2019: 4.7
- 2020: 20.0
- 2021: 40.0
- 2022: 89.0
- 2023E: 89.0
- 2024E: 152.0
- 2025E: 224.0

자료: SK이노베이션, 상상인증권

1,160GWh로 예상된다. 2023년 배터리 수요 증가율이 42.6%임을 고려하면, 배터리 수요의 성장성 둔화가 시작된 것으로 보인다. 다만 주목할 점은 성장 둔화에 따라 관련 기업의 주가가 충분히 조정되었다는 점이다. 추가적인 주가 하락 시 장기적 관점의 매수를 권고한다.

포스코퓨처엠

2차전지 소재, 라임화성, 내화물 사업을 영위하는 기업으로, 그중 2차전지 소재 사업이 2023년 3분기 기준 전체 매출의 70%를 차지한다. 양극재 사업 기준 2025년 27만 톤, 2030년 100만 톤의 생산능력을 목표로 적극 증설 중이며, 음극재의 경우 원료 수급부터 우위에 있는 중국 업체들의 공세 가운데 천연 및 인조흑연 생산이 가능한 유일한 국내 기업이다. 향후 EV 전 밸류체인 내재화를 바탕으로 한 동사의 성장이 기대된다.

| 증설의 여력은 충분하다, 가격경쟁에 대응할 전략도 있다

중장기적으로 전기차로의 전환은 예정된 시나리오이지만, 실현 속도에 있어서는 다양한 변수가 존재한다. 투자에 대한 단기적 안정성에 의문을 제기할 수 있는 상황에서 포스코퓨처엠은 얼티엄셀(Ultium Cells)과의 9년간 13조 원 규모의 바인딩(Binding) 계약을 통해 투자비 이상의 이익 회수가 보장돼 있다. 기존의 한국 셀 업체들이 강세를 보여온 삼원계 배터리향 양극활물질 또한 기존의 다결정입자가 아닌 단결정입자 기반의 소재 개발을 통해 안정성을 높이고 비용은 절감하는 방안의 필요성이 대두되고 있다. 이에 대한 실현 가능성 또한 소재 업체들 중 가장 높은 것으로 평가되고 있다.

| 밸류체인의 상단을 쥐고 있어야 진정한 승자가 될 수 있다

포스코퓨처엠이 공격적인 설비 확장을 통해 시장점유율을 높일 수 있는 여지는 충분하다. 하지만 포스코퓨처엠의 강점은 그 이상이다. 다수의 업체들이 재료비 변동에 취약할 수밖에 없는 환경 속에서 원재료 및 소재 확보능력과 교섭력을 갖춘 것이 그 근간이다. 동사가 2025년 양산 예정인 양극재 재료비 절감과 수율 개선을 통해 현재까지 압도적으로 낮은 가공비를 기반

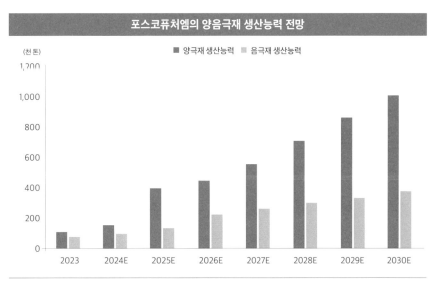

포스코퓨처엠의 양음극재 생산능력 전망

(천 톤)

■ 양극재 생산능력　■ 음극재 생산능력

자료: Marklines, 상상인증권

으로 가격경쟁을 펼치는 중국 업체의 공세에 대응할 수 있을 것으로 전망한다. 또한 중국의 흑연 수출 규제에 대해 인조흑연 생산이 가능하다는 동사의 강점과, 광산업과 원자재 확보에 자본과 노하우가 축적돼 있는 포스코 그룹의 지원 또한 향후 동사의 성장을 이끌 수 있는 포인트다.

성일하이텍

글로벌 폐배터리 재활용 업체다. 블랙 파우더를 생산하는 전처리 능력과 리튬, 니켈, 코발트 등의 주요 메탈을 추출하는 후처리 능력을 모두 보유하고 있다. 추출된 메탈은 액상 및 고상의 형태로 전구체 제조업체와 산업체 등에 공급된다. 현재 국내 및 중국, 말레이시아, 유럽 각지에 전처리 생산능력을 확보했으며, 2024년 하이드로센터 3 본격 가동을 통해 외형 성장 및 수익성 개선을 꾀할 것으로 보인다.

| 예정된 미래와 경쟁 심화, 준비된 자만이 살아남는다

2030년 폐배터리 발생량은 476GW를 시작으로 2035년 1,407GW까지 성장할 전망이다. 향후 시장의 높은 성장 속도가 기대됨에 따라 많은 업체들이 폐배터리 재활용 사업에 경쟁적으로 뛰어들고 있다. 특히 수익성이 높아 시장의 많은 관심을 끌었던 전처리 능력뿐만 아니라, 원재료 확보를 위한 전처리 능력에 대한 투자 역시 본격화되고 있다. 각종 유해물질을 포함하고 있는 폐배터리 특성상 입지 지역의 까다로운 규제 환경을 충족해야 하며, 각종 사고 및 리스크에 대한 관리 능력이 필수적이다. 경험과 노하우를 축적한 선발업체와 후발업체의 경쟁력에는 차이가 있을 수밖에 없다.

| I'm inevitable: 필수 불가결한 폐배터리 재활용

향후 환경 및 공급망 리스크 방지의 대안으로 정책의 수혜를 받을 가능성이 높다. EU의 '유럽 배터리 및 폐배터리 규정'은 역내 유통되는 배터리에는 일정 비율 이상의 재활용 메탈 사용을 의무화했으며, 이는 2036년 상향 적용될 전망이다. 또한 2023년 상반기 멕시코, 볼리비아 등의 국가에서 리튬 국유화 등의 자원 민족주의적 사례가 나타난 것을 고려 시 장기적으로 폐배터리 재활용 투자 수요는 증가할 것으로 판단한다. 인플레이션 방지법(IRA) 및 핵심원자재법(CRAM)에서 핵심 산업의 공급망 격차 해소를 위한 방안으로 폐배터리 재활용을 제시했다는 점은 이를 반증한다.

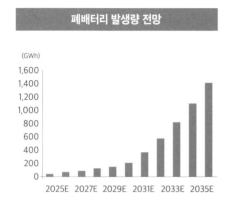

폐배터리 발생량 전망

(GWh)

자료: 상상인증권 추정치

EU, 재활용 메탈 의무 사용 비율

	2031년	2036년
코발트 (Co)	16%	26%
납 (Pb)	85%	85%
리튬 (Li)	6%	12%
니켈 (Ni)	6%	15%

자료: EU집행위원회, 한국무역협회, 상상인증권

제3장

제약·바이오

글로벌 메이저리그 진출에 주가의 답이 있다

하태기 연구위원

현재를 알아야
미래를 알 수 있다

│ 타 산업에 비해 위상이 낮은 제약·바이오 산업

2024년은 제약·바이오 기업에게 어떤 시기가 될까? 글로벌 의약품 시장은 2021년 기준 1,400만 달러이고, 한국은 약 18만 달러로 글로벌 시장에서 1.25%의 비중을 가지고 있다. 또한 한국 수출 총액에서 차지하는 의약품 비중은 1.5% 이내이다. 한국 반도체·조선·철강·IT 산업 등의 위상과 비교하면 글로벌 시장에서 초라하고, 뒤집어보면 성장 가능성이 높다고 할 수도 있다.

국내 의약품 시장은 협소하다. 결국 수출시장, 특히 시장이 큰 선진국 시장을 열어야 한다. 한국 제약사 성장의 열쇠는 수출에 있다. 제약·바이오 산업에서 수출은 일찍이 바이오시밀러(셀트리온)와 바이오CDMO(삼성바이오로직스)에서 성과를 창출했고, 분류상 차이가 있지만 최근 코로나 시대에 진단 부문에서 위상을 높이기도 했다.

그러나 대다수 전통적인 제약사들은 아직까지 선진국 의약품 시장 진출 성과를 창출하지 못하고 있다. 국내 전통 상위 제약사들이 도전보다는 국내 제네릭 시장에 안주했다는 비판의 시각도 있다.

세계 의약품 시장에서의 한국 시장 위상

(단위: 만 달러, %)

	2021	CAGR(2017-2021)	2026	CAGR(2022-2026)
전 세계	1,423.5	5.1	1,750~1,780	3~6
선진국	1,050.4	4.3	1,240~1,270	2~5
10대 선진국	935.2	4.3	1,100~1,130	2~5
미국	580.4	4.9	685~715	2.5~5.5
일본	85.4	-0.5	73~93	-2~1
EU 4개국+영국	209.7	4.8	245~275	3~6
캐나다	27.4	5.2	32~36	3~6
대한민국	17.9	6.0	21~25	3.5~6.5
호주	14.4	0.6	15~19	1.5~4.5
기타 선진국	115.2	4.7	132~152	3~6
파머징	354.2	7.8	470~500	5~8
중국	169.4	6.1	190~220	2.5~5.5
브라질	31.6	11.7	47~51	7.5~10.5
인도	25.2	11.1	37~41	8~11
러시아	18.8	11.4	27~31	7.5~10.5
기타 파머징	109.2	8.3	151~171	6.5~9.5
저소득 국가	19.0	0.1	21~25	2.5~5.5

자료: 건강보험산업진흥원

│ 많은 발전을 거친 후 등장한 글로벌 의약품

1987년 물질특허를 도입한 이후 1990년부터 시작된 한국의 신약 개발 역사가 이제 약 30년 이상이 지났다. 그동안 신약 개발 투자와 노력이 진행되면서 많은 시행착오를 거쳤다. 한국 내에서만 통하는 한국형 신약을 넘어 글로벌 신약이 탄생하는 시대까지 발전했다. 향후 이러한 흐름에 속도가 붙으면서 신약 개발이 지속될 수 있을까?

우리나라 신약 개발 역사는 1991년 SK케미칼의 백금착제 항암제(선플라)가 한국 신약 1호로 허가를 받으며 시작되었다. 2003년에는 LG생명과학의 퀴놀론계 항생제 팩티브가 시행착오 끝에 미국 FDA 승인을 받아 글로벌 신약으로 출시되었다. 그러나 상업성 측면에서 성공은 거두지 못했다. 2014년에 동아에스티가 기술수출한 슈퍼항생제 시벡스트로가 미국 FDA에서 신약으로 승인을 받았으나, 매출액에서 성공했다고 보기 어렵다. SK케미칼이 호주

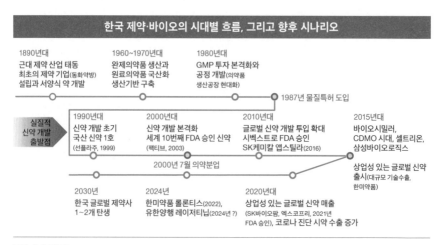

한국 제약·바이오의 시대별 흐름, 그리고 향후 시나리오

1890년대	1960~1970년대	1980년대
근대 제약 산업 태동 최초의 제약 기업(동화약방) 설립과 서양식 약 개발	완제의약품 생산과 원료의약품 국산화 생산기반 구축	GMP 투자 본격화와 공정 개발(의약품 생산공장 현대화)

1987년 물질특허 도입

실질적 신약 개발 출발점

1990년대	2000년대	2010년대	2015년대
신약 개발 초기 국산 신약 1호 (선플라주, 1999)	신약 개발 본격화 세계 10번째 FDA 승인 신약 (팩티브, 2003)	글로벌 신약 개발 투입 확대 시벡스트로 FDA 승인 SK케미칼 앱스틸라(2016)	바이오시밀러, CDMO 시대, 셀트리온, 삼성바이오로직스

2000년 7월 의약분업

상업성 있는 글로벌 신약 출시(대규모 기술수출, 한미약품)

2030년	2024년	2020년대
한국 글로벌 제약사 1~2개 탄생	한미약품 롤론티스(2022), 유한양행 레이저티닙(2024년 ?)	상업성 있는 글로벌 신약 매출 (SK바이오팜, 엑스코프리, 2021년 FDA 승인), 코로나 진단 시약 수출 증가

자료: 상상인증권

CLS사에 기술수출(2009년)한 혈우병 치료제 앱스틸라가 개발(2016년 미국 FDA 승인)되어 현재 소정의 로열티 수입이 발생하고 있다. 최근에는 한미약품이 스펙트럼(현 어썰티오)에 기술수출한 롤론티스(미국명 록베돈)가 2022년 9월 FDA 품목 승인을 받아 출시되면서 로열티 수입에 기대를 모으고 있다. 글로벌 시장에서 SK바이오팜의 엑스코프리(2019년 미국 FDA 승인), 유한양행의 레이저티닙에 대한 기대가 크다.

글로벌 의약품 시장 메이저리그에 진출하려면 어떤 유형이 있을까

┃ 신약 개발하는 SK바이오팜의 모델이 있다

한국 제약·바이오 기업도 의약품 메이저리그에서 비전을 제시할 수 있어야 퀀텀점프의 꿈을 꿀 수 있다. 글로벌 의약품 시장에 진출하기 위해서는 무엇보다 신약 개발이 중요하다. SK바이오팜은 신약 개발 모델을 통해 미국 시장에 안착하며 글로벌 제약사를 지향하고 있다. 직접 글로벌 신약(엑스코프리)을 발굴하고 임상을 거쳐 미국 FDA에서 품목 승인(2019년)을 받았다. 또한 미국 시장에서 자체적으로 마케팅 조직을 구축하고 직접 판매까지 진행하고 있다. 초기 글로벌 제약사의 모습을 갖추게 된 것이다. 현재까지는 한국 제약업계에서 신약 개발을 통한 방법으로 가장 이상적인 제약사로서의 비전과 가치를 모범적·선도적으로 실현하고 있다.

| 기술수출을 통한 유한양행의 모델도 좋다

유한양행은 L/O(License Out, 자사의 기술·물질·제품·특허 등의 권리를 타사에 판매) 모델로 글로벌 신약을 개발하고 있다. 항암제 레이지티닙을 오스코텍에서 L/I(License In, 타사의 기술·물질·제품·특허 등의 권리를 매입)한 후에 후속 임상을 하고, 이후 얀센에 L/O를 했다. 현재 임상 3상이 끝나고 임상 데이터가 발표되었다. 유한양행의 신약 개발은 일종의 오픈 이노베이션 모델로 볼 수 있다. 유망한 신약후보물질을 오스코텍에서 도입해 임상을 진행하고 가치를 높여, 다시 글로벌 제약사에 L/O하는 형태다.

그동안 많은 국내 제약·바이오 기업들이 오픈 이노베이션 방식으로 신약 개발을 추진해왔다. 자금조달 규모에서 제한적인 국내 제약사와 바이오 기업들로서는 신약후보물질을 자체 개발하고 임상 1~2상 단계에서 L/O을 진행하는 것이 현실적이다. 유한양행은 L/O를 통한 글로벌 신약 개발에 성공할 경우, 로열티 수입이 증가하면서 향후 연구개발(R&D) 투자 규모를 크게 증가시킬 수 있고, 신약 개발 성공 경험을 활용해 직접 추가적인 신약 개발도 가능할 것이다. 앞으로 L/O를 통한 글로벌 신약 개발 케이스(제약·바이오 기업)가 증가하면서 제2의 유한양행과 오스코텍이 나타날 수 있을 것이다.

| 같은 계열 내 최고 의약품을 개발한 대웅제약,
HK이노엔의 모델이 현실적이다

글로벌 시장에서 혁신신약(First-in-class, 새로운 작용 기전을 사용해 특정 질환을 다루는 약물)은 아니지만 두 번째나 후순위로 비슷한 계열의 Best-in-class(같은 작용기전 계열 내 최고) 신약이나 신제품을 개발해 해외 시장을 진출하는 경우이다. 대표적인 품목이 나보타, 케이캡이 있다.

대웅제약은 보툴리눔 톡신 나보타를 개발, FDA 허가를 받아 미국 에볼루스사를 통해 미국 시장에서 매출을 올리고 있다. 2022년 나보타 수출액은 1,099억 원이고, 2023년에는 1,274억 원으로 전망된다. 비록 메디톡스와 소송 이슈로 불확실성이 있긴 하지만 현재까지 성공적으로 해외 시장을 개척한 것이다. 국내 시장에서도 나보타는 2022년 매출액이 322억 원이고 2023년에는 300억 원대로 전망된다. 대웅제약은 소화성궤양제 펙수클루 해외 진출도 추진 중이다.

HK이노엔의 케이캡은 일본 다케다의 다케캡에 이어 두 번째로 개발된 소화성궤양제다. 한국에서 2023년 1,600억 원의 처방이 예상되는 블록버스터로 성장했고, 중국에서도 의료보험에 등재하면서 L/I한 뤄신사에서 블록버스터로 키우고 있다. 케이캡은 2023년 연말까지 임상 3상 투약을 마무리하고 2024년 중반에 미국 FDA NDA를 신청, 2025년 하반기 출시를 목표로 하고 있다. 글로벌 블록버스터 제품으로 성장할 잠재력이 있는 것으로 평가된다.

▌ 셀트리온, 삼성바이오로직스는 이미 글로벌 제약사로 올라섰다

셀트리온은 바이오 및 동물세포 대량배양 기술을 기반으로 항체의약품을 개발, 생산하여 성공의 역사를 만들었다. 유럽의약품청(EMA)과 미국 식품의약국(FDA)으로부터 세계 최초 바이오시밀러 제품인 램시마의 품목 승인을 받았다. 이후 트룩시마, 허쥬마, 유플라이마, 램시마SC, 베그젤마 등 다양한

(단위: 억 원)

기업명	2022년 매출액	수출액	수출 비중	비고(수출 내용)
삼성바이오로직스	30,013	28,466	94.8%	항체의약품, 바이오시밀러
셀트리온헬스케어	19,722	19,647	99.6%	바이오시밀러 등
에스티팜	2,493	1,722	69.1%	신약 API

자료: 상상인증권, 셀트리온 수출 비중을 알기 위해 셀트리온 헬스케어 실적 이용

제품의 품목 승인을 받았다. 현재 전 세계 110여 개국에서 판매되고 있고, 유럽을 중심으로 높은 시장점유율을 기록하고, 미국 시장에서도 시장을 크게 창출할 것으로 전망된다.

삼성바이오직스는 글로벌 CDMO 기업으로 우뚝 섰다. 2011년에 설립되었으며, 인천 송도 경제자유구역(송도지구)에 상업용 생산설비 60만 리터(1공장 3만, 2공장 15만, 3공장 18만, 4공장 24만 리터)와 임상용 생산설비 4,000리터로 총 60.4만 리터의 케파시티(Capacity)를 확보해 글로벌 바이오 CMO 기업으로 부상했다. 또한 2025년 4월 완공을 목표로 송도 신규 부지에 18만 리터 규모의 5공장을 증설 중이다. 2022년 4월에 삼성바이오에피스의 주식을 취득해 지분율 100%를 보유하면서 CDMO와 바이오 의약품 개발 부문을 다 갖추게 되었다. 셀트리온과 삼성바이오로직스는 비교적 단기간에 세계적인 바이오 기업으로 자리 잡게 된 성공 케이스다.

에스티팜은 글로벌 의약품 시장에서 신약 API로 두각을 나타내고 있다. 저분자 신약 CDMO에서의 경험과 기술을 바탕으로 새로운 치료제 분야인 올리고핵산치료제 CDMO로 사업 영역을 확장하였다. 에스티팜은 올리고 생

산능력에서 확장을 해 2026년 증설이 완료되면 확고한 글로벌 No.1 올리고 핵산치료제 CDMO 기업으로 도약하게 될 것이다.

내수 의약품 시장에서
영업실적 성장으로
제한적인 주가 상승 가능하다

| **한국형 블록버스터 제품으로 실적을 개선한다**

한국 의약품 내수시장에도 제한적인 기회가 있다. 1,000~2,000억 원대의 단일품목 의약품이 나타나고 있기 때문이다. 인구 노령화, 글로벌 블록버스터 특허 만료, 국내 의약품 개발능력 발전 등으로 특히 고혈압, 고지혈 등 대사성 의약품이나 소화기 시장 등이 거대해지고 있다. 보령, 대웅제약, 한미약품, HK이노엔, 동아에스티, JW중외제약은 이러한 한국형 블록버스터 품목을 키우고 있다.

| LBA 전략, L/I 등도 한 가지 방법이다

한국 제약사들이 LBA(Legacy Brands Acquisition, 오래된 의약품의 국내 판권 인수)나 초기 L/I를 통한 성장전략을 추진하고 있다. 대표적으로 보령과 JW중외제약의 케이스가 있다. 보령은 오래된 특허 만료 해외 오리지널 의약품의 국내 전체 권리를 인수하고 있다. 해외 빅파마 입장에서는 매력이 떨어지지만 한국 제약사 입장에서는 성장과 이익에 크게 득이 되는 전략이다. 또한 JW중외제약은 해외 제약사와 공동임상을 통해 국내 판권을 확보하는 성장전략도 있다. 보령의 LBA 대표 품목은 릴리의 항암제 젬자(2020.7)와 조형병 치료제 자이프렉사(2021.10), 비소세포폐암제 알림타(2022.10) 등이다. 향후에도 동사는 이러한 LBA 전략을 지속한다는 계획이다.

한국형 블록버스터 매출 증가 추이

(단위: 억 원)

제약사명	브랜드명	적응증	매출액	비고
대웅제약	나보타	주름 개선	1,581	2023년 추정치
	펙수클루	위궤양	627	2023년 추정치
보령	카나브패밀리	고혈압	1,426	2023년 추정치
HK이노엔	케이캡	위궤양	1,133	2023년 추정치
한미약품	아모잘탄패밀리	고혈압	1,304	2022년
	로수젯	고지혈	1,403	2022년
JW중외제약	리바로패밀리	고지혈	1,503	2023년 추정치
동아에스티	그로트로핀	성장 호르몬	926	2023년 추정치
대원제약	코대원포르테/S	진해·거담	1,000	2023년 추정치

자료: 상상인증권

둘째, JW중외제약의 리바로 모델도 있다. 일본 쿄와와 닛산화학이 개발한 고지혈 증치료제 리바로(성분명 피타바스타틴)를 2005년 국내에 도입했다. 임상 2상부터 참여해서 국내 판권을 확보한 것이다. 2021년부터 리바로의 주원료를 일본 도입에서 자체 생산으로 전환했다. 판매액의 일정 부분을 로열티로 지급하고 있다. 2023년 리바로패밀리 매출액이 1,500억 원대로 전망된다. JW중외제약의 주요한 효자품목으로 자리 잡고 있다. 좋은 성장전략으로 평가받고 있다.

바이오 기업의 성공 확률이 낮다는 점을 인식해야 한다

  │ 플랫폼 기술을 통한 신약 개발 모델이 안전하다

한국 바이오 기업의 신약 개발 활동이 활발하지만, 아직까지는 글로벌 수준으로 의미 있는 임상 결과를 내놓지 못하는 상황이다. 그러나 플랫폼 기반으로 가능성을 제시하고 있는 바이오 기업도 있다. 유니크한 플랫폼 기술을 개발하고 플랫폼 기술의 L/O와 함께 플랫폼 기술을 적용한 신약 파이프라인(Pipeline)을 발굴해 임상을 진행하는 모델이다. 안정성과 성장성을 겸비할 수 있는 전략이다. 이러한 기업에는 레고켐바이오와 알테오젠 등이 있다.

첫째, ADC 플랫폼 기술 기반 레고켐바이오가 있다. 동사는 ADC 링커 플랫폼 기술을 개발하고, 이를 기반으로 자체 신약 파이프라인을 개발하고 있다. ADC 의약품은 항체+링커+톡신으로 돼 있는데, 동사가 보유한 링커를 활용해 다양한 항체와 독신을 조합하는 방법으로 신약후보물질을 개발하고 있다. 특히 2021년 6월에는 이탈리아 메디테라니아에서 도입한 항-Trop2 항체를 이용, ADC 신약 LCB84를 개발하면서 주목을 받고 있다. 2022년 12월에 암젠향으로 1.6조 원 규모의 ADC 플랫폼 L/O를 포함해 현재까지 ADC 기술 관련 L/O를 보면 플랫폼 기술 5건, 후보물질 5건이 성사되었다. 전체 계약금액은 54억 달러에 달한다.

둘째, DDS(약물전달시스템, 약물의 효율적인 전달과 부작용을 최소화하도록 약물 제형을 설계하는 기술) 기술 기반으로 제형 변경을 통한 바이오베터(Biobetter, 오리지널 바이오 의약품을 개선한 의약품)를 개발하는 알테오젠 등이 있다. 알테오젠은 정맥주사(IV) 제형 항체의약품을 피하주사(SC) 투여 방식으로 변경하는 히알루로니다제 원천 플랫폼 기술(Hybrozyme™, ALT-B4)을 개발했다. 이를 이용해서 키트루다 SC제형(ALT-B4)의 글로벌 임상 3상에 들어갔으며, 알테오젠은 2025년 인허가를 예상하고 있다. 또한 황반변성 치료제 아일리아의 바이오시밀러 제품(ALT-L9)의 제품 인허가를 위한 글로벌 임상도 진행 중이다.

각 사별 플랫폼 기술 및 품목 개발 현황

기업명	플랫폼 기술	주요 품목 개발 현황
레고캠바이오	ADC 링커	· ADC플랫폼 기술 L/O
		· 항-Trop2 항체를 이용, ADC 신약 LCB84 임상 진행 예정
알테오젠	ALT-B4 피하주사 (SC) 기술 (Hybrozyme™)	· 키트루다 SC제형 임상 3상 중, 2025년 출시 목표
		· 아일리아의 바이오시밀러 제품(ALT-L9) 임상 3상 중
		· 노바티스/산도즈와 SC 버전 1품목 개발 계약

자료: 상상인증권

┃ 명확한 임상 스케줄, 상업화 비전이 필요하다

2022년부터 특히 금리가 상승하면서 바이오 기업의 자금조달이 매우 어려운 환경으로 전환되었다. 계속기업으로 존재하려면 변화가 필요해 보인다. 2024년부터 바이오 기업은 생존 차원에서 신약후보물질에 대한 명확한 비전을 제시할 필요가 있다.

첫째, 신약 개발에서 끊고 맺음이 필요해 보인다. 확실한 임상 스케줄과 임상의 프라이머리 엔드포인트, 그리고 자금계획을 명확하게 제시하고, 거기에 따라 평가받아야 한다. 일정대로 진행되지 않는 경우에는 명확한 설명이 필요하다.

둘째, 기존의 신약후보물질 임상을 장기 과제로 돌리고 새로운 신약후보물질(플랜B)을 내세울 때는 명확한 설명이 필요하다. 새로운 신약후보물질의 개발과 임상에는 또다시 많은 시간이 필요하기 때문이다.

셋째, 바이오 기업의 고비용 구조를 재검토해볼 필요가 있다. IPO 이후 일정한 시간이 경과해도 개발된 신약 파이프라인의 비전이 부족한 상태에서 신물질 발굴에서 개발·임상까지 인력과 조직을 다 갖추고 기존의 고비용 구조를 유지하는 전략은 재검토해볼 여지도 있다. 계속기업으로 존재하려면 선택과 집중이 필요할 수 있다. 지금은 많은 바이오 기업에 대한 신뢰도 떨어지고 자금 사정도 어렵다. 바이오 기업들의 현금 보유 현황과 자금조달 스케줄을 유의해서 체크할 필요가 있다. 고금리 시대에 계속기업으로서의 불확실성이 존재하기 때문이다.

| 바이오 테마주를 경계할 필요가 있다

주식시장에서 테마주는 항상 있어왔지만 바이오 테마주에 특별히 유의할 필요가 있다. 신약 개발 성공 확률이 높을 때 바이오 테마도 의미가 있게 된다. 과거 주식시장에서의 테마주 패턴을 보면 선진국에서 표적항암제나 면역항암제를 개발해 주목을 받으면, 그때마다 국내에서 관련 파이프라인이 있으면 임상 진행 상황과는 별도로 비슷하게 주가가 오른다. 코로나 치료제는 말할 것이 없고, 코로나 백신도 그랬다. 그러나 시간이 지나면 주가는 제자리로 내려앉고, 신약 개발 성과는 거의 없다. 현재까지는 한국에서 바이오 테마는 대부분 지나가는 바람과 같다. 성과가 필요한 상황이다.

신약후보물질은 상당한 계약금으로 L/O가 되든지, 아니면 아예 M&A가

각 사별 플랫폼 기술 및 품목 개발 현황

시대별 테마주	세부 내용
줄기세포 관련주	성체줄기세포, 배아줄기세포, 제대혈줄기세포
표적항암제	단클론항체 계열, 소분자화합물 계열(비정상적 신호전달경로 차단) 등
면역항암제	PDL-1, PDL, NK세포 치료제 등
프로바이오틱스 관련주	항암제 등 치료제 파이프라인
코로나 테마주	코로나 치료제, 코로나 백신
당뇨 비만 치료제	GLP-1 수용제
NASH 치료제	간조직 지방축적 억제, 염증반응 억제
알츠하이머 치료제	베타아밀로이드, 타우단백질 저해 등
AI 기반 신약 개발	AI기반 신약후보물질 발굴 등

자료: 상상인증권

되든지 해야 세계 시장에서 상업화 가능성과 확률이 높을 것이다. 그렇다고 2024년에도 바이오 테마주는 없어지지는 않을 것 같다. 반복되는 과정에서 조금씩 발전은 있을 것이다.

제약·바이오 시황과
유망종목을 살펴보사

| 금리 방향성을 볼 때 2024년에 긍정적인 분위기가 될 것

2024년 제약·바이오주 주가는 자금시장의 영향을 크게 받을 것이다. 실제 2022~2023년에는 제약·바이오주가 금융시장 영향을 가장 많이 받은 기간으로 평가할 수 있다. 2023년 하반기에는 금융시장 완화나 금리 정점 기록에 대한 기대감으로 제약·바이오주가 상승하기도 했다. 그러나 미국 연준이 금리를 올리겠다는 매파적 발언이 제기될 때마다 제약·바이오주는 큰 조정을 받았다.

현재로서는 고금리가 지속되지만 2024년 하반기에 금리 인하 분위기로 전환될 수 있다는 게 다수 설이다. 그렇게 본다면 주가는 선행하기 때문에 2024년에는 전반적으로 제약·바이오주가 변동성을 보이는 가운데서도 우호적인 분위기를 맞을 것이다. 또 한 가지 투자 관점은 금리가 인하되는 분위기로 전환하더라도 경기 불황이 심화되면서 경제의 불확실성이 높아진다면 제약·바이오주가 어떻게 될 것인가 하는 것이다. 일반적으로 경기가 깊은 불황에 진입한다면 주가가 상승한다고 주장하기 어렵다. 다만 국내 경기가 깊은 불황으로 빠진다면 제약주는 하락하더라도 상대적으로 방어적인 모습을 유지할 것이다. 바이오 기업에게는 신약 개발·임상이 잘 진행되고 있는지, 투자자금 조달이 잘 되는지가 더 중요한 변수이다. 불황이라도 금리가 크게 내려 자금조달 여유가 생긴다면 바이오주에는 오히려 호재가 될 수도 있다. 어쨌든 신약 개발 제약·바이오주는 2024년에는 2023년보다 좀 더 우호적인 분위기를 맞을 가능성이 높아 보인다. 다만 금리 전망이 달라진다면 제약·바이오주 전망도 수정되어야 할 것이다.

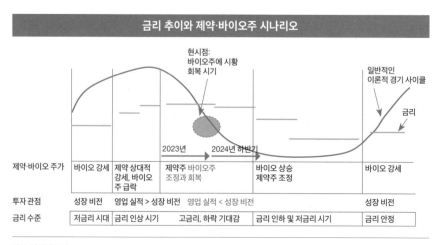

금리 추이와 제약·바이오주 시나리오

자료: 상상인증권

제2부 **투자의 흐름이 보이는 2024년 핵심 산업과 기업 분석**

| 시대적·역사적 변화에서 주가 흐름을 예상할 수 있다

한국 제약·바이오주는 시대별로 다른 특징을 보여왔다. 한국의 신약 개발 여지는 1987년 물질특허 인정부터 시작했다고 볼 수 있다. 따라서 1990년부터 기업들이 신약후보물질을 발굴하고 특허를 등록하기 시작했다. 1990년대는 특허만 등록하면 주가가 폭등하던 시기였다. 그러나 시간이 지나면 원위치하기 때문에 제약주는 투기주로 인식되었다.

2000년대에는 제약사 실적이 큰 폭으로 성장했다. 의약분업 이후 제네릭 의약품 매출이 급증하면서 외형이 성장하고 수익성이 대폭 개선된 것이다. 2000~2008년에 대다수의 제약 주가가 많게는 10배 상승한 최대의 호황기를 맞았다. 또한 초기 한국형 신약 개발과 소규모 L/O 제약사가 나타나면서 주가가 폭등하던 시대였다. SK케미칼, LG생명과학, 유한양행, 일양약품 등의 주가가 강세를 보였다.

2010년대는 약가 인하로 실적주들이 약세를 보였고 신약 개발주 중에서 L/O 기업이 여전히 주목을 받았지만 2015년 한미약품의 대형 L/O 계약 체결로 주식시장에서 제약·바이오주의 황금시대를 열었다. 한미약품 주가는 2015년 11월에 70만 원 근처까지 최고치를 기록하기도 했다. 바이오붐으로 많은 바이오 기업이 탄생하는 계기가 되기도 했다.

2010년대 중반부터는 셀트리온이 성과를 창출하면서 바이오시밀러 주식이 강세를 나타냈고, 2010년대 말에는 CDMO 기업 삼성바이오로직스 주가가 급상승했다.

그러나 2010년대 후반에 대형 L/O들이 대부분 계약 취소되면서 주가가 크게 하락하는 시기를 맞았다. 투자자들이 L/O 계약의 허점을 인식하고 계약금이 의미 있게 큰 경우에만 주가가 반등하는 시대로 전환되었다. 투자자의 학습효과가 쌓이면서 투자 관점에 많은 변화가 있었다.

한국 제약·바이오 기업의 신약 개발과 주식시장의 역사를 뒤돌아보면 시대적 흐름이 있는 것 같다.

2020년대는 글로벌 시장 진출이 가시화되는 제약·바이오 기업의 주가가 상승하는 시대가 전개되고 있다. 2024년에도 내수 중심 제약사와 해외 진출 기업의 주가 간에 갭이 확대될 것으로 전망된다.

▎ 2024년에도 해외 시장에서 비전을 제시하는 기업을 찾아야 한다

2024년의 투자 잣대는 신약 개발과 수출에 비전이 있는 기업, 에스테틱에 경쟁력 있는 기업으로 선정했다.

첫째, 수출에 비전을 제시한 제약사가 유망하다. 신약 개발이나 사업 진행을 통해 시장이 큰 수출시장 진출 비전과 실현 가능성을 제시하는 기업에 희망이 있다. 여기에는 SK바이오팜과 유한양행이 있다. 길게 보면 HK이노엔도 수출 잠재력이 있다. 글로벌 CDMO 기업 삼성바이오로직스도 유망하다. 휴온스의 미국향 제네릭 의약품 수출 잠재력도 체크할 필요가 있다.

둘째, 글로벌 신약 개발과 해외 시장 개척에 길이 있다. 임상 1상 완료, 또는 임상 2a/2b상에서 의미 있는 임상 데이터를 발표하면서, 또한 이를 베이스로 파트너를 찾아 의미 있는 L/O 계약 성과를 창출하는 기업이 주목을 받을 것이다. 여기에는 레고켐바이오, 알테오젠, 한올바이오파마 등이 주목을 받고 있다. 최근에는 종근당도 대규모 L/O 계약을 체결해 신약 개발의 비전을 높였다.

셋째, 에스테틱 기업도 2024년에 계속해서 주목을 받을 전망이다. 필러 와 톡신, 그리고 의료기기에서 수출을 늘릴 수 있는 기업을 찾아야 한다. 우 선 대웅제약, 메디톡스, 휴젤 등이 유망하다. 다만 소송 이슈로 일단 제외하 고, 차선으로 파마리서치, 휴메딕스에 주목한다.

넷째, 마지막으로 영업실적 대비 저평가 제약주가 있다. 여기에는 HK이 노엔, 종근당, 동아에스디 등에 주목한다. 그 외 중소형주 중에서 휴메딕스, JW생명과학 등도 주목해볼 필요가 있다.

2024년 제약·바이오 유망기업			
투자 기준	종목명	투자 의견	투자 포인트
수출에서 비전 창출	SK바이오팜	BUY	· 엑스코프리, 미국 시장에서 매출 급성장 전망
	유한양행	BUY	· 레이저티닙 글로벌 1차 비소폐암 항암제로 승인 가능성 증가
신약 개발 기업	삼성바이오로직스	비커버 종목	· 글로벌 CDMO 업체로 성장, 수주 증가로 높은 성장 잠재력 보유
	레고켐바이오	N/R	· ADC 플랫폼 선도업체, LCB84 Trop2-MMAE (고형암·혈액암)에 대한 기대 증가
	알테오젠	비커버 종목	· Hybrozyme™(ALT-B4) 기술로 키트루다 SC제형 임상 3상
에스테틱 기업	파마리서치	BUY	· 리쥬란 국내외 매출 성장, 화장품 매출 급증으로 대형 브랜드로 성장 가능성
저평가 제약주	HK이노엔	BUY	· 케이캡의 재계약으로 영업이익 급증, 중국으로부 터 로열티 수입 증가
	종근당	BUY	· 노바티스향 대규모 기술수출, 영업실적 대비 저평가

자료: 상상인증권

SK바이오팜

| 미국 시장에서 엑스코프리의 매출 증가에 주목해보자

엑스코프리 미국 매출 증가에 주목할 필요가 있다. 핵심 시장인 미국 시장에서 주력 품목 엑스코프리 매출액은 2023년 연간 2,802억 원(+65.6% YoY)으로 전망된다. 엔데믹과 마케팅 강화로 매출 증가폭이 커지고 있다. 2023년 6월에는 엑스코프리 처방수(TRx)는 경쟁 신약 출시 41개월 차 평균의 약 2.0배다. 그러나 2024년에는 처방수가 더 가파르게 증가할 것이다. 이를 반영, 2024년 연간으로는 미국 엑스코프리 수출이 55.0% 증가한 4,342억 원으로 전망된다. 마진이 좋은 미국 엑스코프리 매출 성장으로 2023년 4분기부터 흑자경영으로 전환되며 2024년에는 이익 증가폭이 더 크게 확대될 전망이다.

SK바이오팜의 기업가치는 현재 엑스코프리에 대부분 기반을 두고 있다.

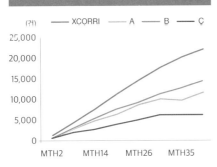

SK바이오팜 엑스코프리 처방수

자료: SK바이오팜, 상상인증권

SK바이오팜의 미국 영업망 확보 현황

자료: SK바이오팜, 상상인증권

그러나 미국 시장에서 CNS 쪽에 마케팅 조직을 갖추고, 규모의 경제가 달성되면 추가로 관련된 의약품을 판매할 수 있게 된다. 확보된 자금력과 마케팅 경험을 활용해 새로운 품목을 개발하거나 L/I하여 의약품을 늘릴 수 있을 것이다. 이는 전통적인 제약사들의 일반적인 성장전략이다. 미국 시장에서 성공하면 장기적으로는 글로벌 시장으로 매출이 확산될 가능성이 크다. 실제로 동사는 장기성장 전략에서 엑스코프리의 마케팅 조직 등 플랫폼을 이용해 새로운 상품·제품을 도입, 2025년부터 매출을 확대한다고 한다. 장기적으로는 엑스코프리의 적응증 확대, 또 다른 신약 개발을 통한 기업가치 증가도 가능한 시나리오다. 낙관적인 시나리오로 보면 규모는 크지 않지만 외형적인 측면에서 글로벌 제약사로의 모습으로 진전된다.

유한양행

| 레이저티닙의 글로벌 상업적 가치가 높다

2024년부터 유한양행의 영업실적은 눈에 띄게 성장할 것이다. 렉라자가 국내 비소폐암 1차 치료제로 출시되면서 매출과 이익 성장에 크게 기여하고 향후 얀센으로부터 마일스톤 수입도 크게 증가할 것이기 때문이다.

첫째, 레이저티닙의 국내 브랜드인 렉라자의 매출이 기대된다. 2023 6월 30일에 국내 시장에서 1차 치료제로 승인받았고, 보험 약가를 이르면 연내, 늦어도 2024년 초에 받으면 2024년 상반기부터 바로 처방 가능한 상황이다. 몇 년 내 1,000억 원대 매출 가시화를 예상할 수 있다. 국내 매출과 이익 증가에 크게 기여할 수 있게 된다. 둘째, 얀센에서 진행하는 임상인 MARIPOSA(병용처방, 1차 치료제)와 비소폐암 1차(병용처방, 2차 치료제) 중에서 1차 치료제로 개발되고 있는 MARIPOSA(레이저티닙+아미반타맵의 병용요법, 타그리소 비교 3상 임상)에 대한 임상 결과가 발표되었다. 최근 J&J는 MARIPOSA 3상에서 유의한 주평가지표(무진행생존율 PFS)를 달성했다고 발표했다. 향후 FDA 품목 승인 신청과 품목 승인 시 마케팅 전략에 따라 2024년에는 글로벌 시장에서 매출과 관련한 다양한 시나리오를 그려볼 수 있을 것이다. 셋째, 그 외 베링거인겔하임에 기술수출한 NASH, 지아이이노베이션에서 L/I한 알레르기 치료제의 임상·개발도 활발하게 진행되고 있다.

유한양행의 신약 개발 파이프라인

약목	적응증	후보물질	비임상 독성	임상 1상	임상 2상	임상 3상	파트너사
렉라자® LAZERTINIB	EGER 돌연변이 비소세포폐암	단독요법(유한) 글로벌 3상(2023.6.30. 1차 치료제 식약처 허가) / Amivantamab 병용요법(얀센) 글로벌 3상(MARIPOSA, MARIPOSA2)					janssen
YH14618 (Remedisc)	퇴행성 디스크						Spine Biopharma
YH12852 (PCS12852)	Gut Motility Disease						Phanes Pharmaceuticals
YH25724	NASH						Boehringer Ingelheim
YH35324	Allergy (CSU, 천식, AD)						GI Innovation
YH32367	면역항암						ablbio
YH42946	Her2 돌연변이 폐암, 위암 등						JINTS BIO
YHC1102	MAASH/ Fibrosis						GILEAD
YH32364	면역항암						ablbio

자료: 유한양행, 상상인증권

파마리서치

| 리쥬란 브랜드의 성장 잠재력이 크다

파마리서치는 리쥬란 필러와 화장품으로 영업실적이 대폭 성장하며

파마리서치의 리쥬란 화장품 브랜드	파마리서치의 의료기기인 리쥬메이트(Rejumate)

자료: 파마리서치, 상상인증권

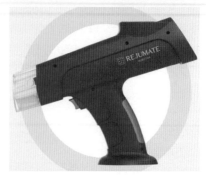

자료: 파마리서치, 상상인증권

2023년에 크게 주목받았고, 에스테틱 기업 중에서 최고의 해를 보냈다고 평가받고 있다. 2024년에도 여전히 영업실적 성장 가능성에 주목할 필요가 있다. 특히 글로벌 브랜드로 성장할 리쥬란 브랜드의 잠재력을 체크할 필요가 있다. 2024년에 파마리서치 주가는 크게 주목받을 것이다.

첫째, 의료기기 내에서 리쥬란 브랜드가 고성장 중이다. 의료기기 매출은 2023년에 33.3% 증가한 1,360억 원, 2024년에는 16.6% 증가한 1,585억 원으로 전망된다. 리쥬란(힐러, 스킨부스터)은 피부를 개선시키는 스킨부스터로서 품질을 인정받고 있다. 또한 태국, 싱가포르, 말레이시아 우크라이나, 중국 지역 등으로 수출이 증가하고 있다. 최근 미국에 현지법인을 설립하고 미국 시장 진출도 준비하고 있다. 물론 미국·유럽·일본 시장 진출에는 임상 기간을 포함해서 품목 허가 시판에는 4~5년 이상의 시간이 필요하다. 장기 관점에서 접근해야 한다. 둘째, 리쥬란 화장품 매출 성장폭에 주목하고 있다. 화장품은

2023년에 55.8% 증가한 598억 원, 2024년에 19.9% 증가한 717억 원으로 전망된다. 리쥬란 화장품은 온라브영 등이 유통 채널에서 새로운 콘셉트이 프리미엄 브랜드로 성장하고 있다. 의료기기 리쥬란과 시너지가 나면서 매출이 증가하는 것으로 평가된다. 현재 화장품 수출은 중국 중심으로 이루어지고 있지만, 품질 경쟁력을 바탕으로 수출 지역 확대가 가능할 것이다.

HK이노엔

| 케이캡의 잠재력에 주목한다

2024년에는 영업이익 성장폭이 클 전망이다. 우선 케이캡의 판권 재계약으로 영업이익이 대폭 증가할 요인이 있고, 중국 뤄신사에 유입되는 로열티 수입도 연간 120억 원에 근접할 전망이다. 2024년에 기업가치가 대폭 증가할 것이다.

첫째, 케이캡의 미국·유럽 시장 진출 비전을 보자. 케이캡은 2022년 10월부터 글로벌 임상 3상(미란성·비미란성, 2,000여 명의 환자) 투약이 시작되었고, 2023년 말에 투약이 종료될 예정이다. 2024년 중반쯤에 미국 FDA NDA 신청, 2025년 하반기 미국 시장(소화성궤양 시장 3.7조 원)에 출시한다는 목표다. 유럽 시장 진출을 위해 2024년 초까지 유럽 파트너사 선정, 2024년 중에 유럽 임상도 진행될 예정이다. 2024년에는 케이캡의 글로벌 시장 진출의 성장 비전

HK이노엔의 숙취 해소 제품인 컨디션	HK이노엔의 케이캡 완제품 수출 국가와 시기			
	No.	지역	국가	출시 시기
	1	–	몽골	2022.10
	2	동남아	필리핀	2022.11
	3		인도네시아	2023.07
	4		싱가포르	2023.08
	5	남미	멕시코	2023.05
	6		페루	2023.10

자료: HK이노엔, 상상인증권   자료: HK이노엔, 상상인증권

이 가시화될 것이다. 둘째, 로열티 수입 증가를 기대할 수 있다. 중국 뤄신사의 케이캡(중국명 타이신짠) 매출이 2024년에도 급성장할 전망이다. 타이신짠은 2023년 3월부터 중국 의료보험에 등재되었고, 중국 700개 대형병원에서 침투율(60%대)이 높아지고 있다. 중국 소화성궤양 시장은 정제 1.4조 원, 주사제 2.6조 원이다. 뤄신사는 주사제(2021년 L/O계약)로도 개발, 2026년에 출시할 계획이다. 중국에서 경쟁 약품은 다케캡 하나이고, 매출 규모도 적다. HK이노엔의 로열티 수입은 2024년에 120억 원으로 급성장할 전망이고 향후 중국으로부터 유입되는 로열티 수입 규모가 빠르게 성장할 것이다. 셋째, 케이캡은 미국, 중국 포함 35국에 기술수출했다. 8개국(인도네시아, 멕시코 등)에 허가·출시했고, 수출액은 2023년 80억 원, 2024년 150억~200억 원으로 추정된다.

레고켐바이오

| 사업 모델이 안정적이고 신약 파이프라인의 잠재력이 크다

레고켐바이오가 이탈리아 메디테라니아에서 도입(2021.6)한 항-Trop2 항체를 이용, 개발된 ADC 신약 LCB84(Trop2-MMAE)가 TNBC(삼중음성유방암)와 고형암 적응증 대상으로 2023년 5월에 FDA IND 신청, 6월에 승인되었다. 2023년 4분기부터 투약이 시작될 예정이다. 동시에 임상 1상 진행과 함께 빅파마향 L/O도 협의 중이다. 그중에서 레고켐바이오의 LCB84는 전임상 결과 경쟁 약품 대비 부작용과 약효에서 장점이 있어 L/O 가능성이 기대가 큰 상황이다.

중국 포순제약에서 진행하는 유방암 항암제(LCB14, HER2 ADC)가 중국에서 임상 3상(대조약, 로슈의 캐싸일라)에 진입하며, 임상 진행 속도가 빨라지고 있다. 임상 1b상을 근거로 2023년 4월부터 임상 3상이 진행 중이다. 포순은 LCB14에 대해 유방암 외에도 위암, 대장암, 폐암 등의 적응증으로도 임상 2상을 진행하고 있다. 포순제약은 2023년 6월 ASCO에서 LCB14의 중국 임상 1b상(유방암) 결과 ORR 53.7%로 발표했다. 이는 같은 적응증으로 주목받고 있는 다이찌산쿄와 아스트라제네카가 공동개발한 ADC신약 엔허투(HER2/DXd, 트라스트주맙)의 임상 1상 ORR 54% 수준과 비슷한 것으로 평가받고 있다. 그러나 부작용(호중구 감소증, 혈소판 감소증)이 엔허투와 캐싸일라보다 낮게 보고되었다. 아직 임상 1상 중간 데이터이기 때문에 좀 더 지켜볼 필요는 있는 상황이다. 이번 ASCO 데이터는 LCB의 ADC 플랫폼 기술 안정성이 중국에서 처음으로 검증된 것으로 해석할 수 있다. 또한 LCB14의 글로벌 판권을 보유한 익수다가 호주에서 현재 임상 1a상을 시작했고, 2023년 4분기에 투약이 시작되었다.

레고켐바이오의 L/O 계약 현황

(단위: 억 원)

	계약 상대방	계약 개요	계약체결일	선급금	계약금액
ADC	Fosun Pharma	LCB14 / 중국 판권	2015년 08월	비공개	208
	Millenium Pharma	ADC 원천기술	2019년 03월	비공개	4,548
	Iksuda	ADC 원천기술	2020년 04월 2021년 06월	비공개	9,200
	Iksuda	LCB73	2020년 05월	61	2,784
	CStone	LCB71	2020년 10월	113	4,099
	Pyxis(미국)	LCB67	2020년 12월	105	3,255
	SOTIO Biotech	ADC 원천기술	2021년 11월	비공개	12,126
	Iksuda(유럽)	LCB14 / 글로벌 판권	2021년 12월	비공개	11,864
	Amgen(미국)	ADC 원천기술	2022년 12월	비공개	16,050
Small Molecule	브릿지바이오	BBT-877	2017년 05월	20	300
	Haihe Bio	Dealpazolid / 중국 판권	2016년 12월	6	240
	GC녹십자	Nokxaban	2009년 06월	비공개	비공개

자료: 레고켐바이오, 상상인증권

제4장

소비재

소비 둔화에도
빛나는 종목이 있다

김혜미 연구위원

2024 소비재
업종 의견

국내뿐 아니라 전 세계적으로 2024년 소비경기 둔화가 예상되는데, 이는 당초 시장의 기대보다 고금리 기조가 장기화되고 있기 때문인 것으로 파악된다. 실제 2023년 연초까지만 하더라도 재차 금리가 인하될 것이라는 기대감이 지배적인 분위기인 데다 한국과 미국의 소매판매가 견조했으나, 하반기 들어 급격히 성장세가 둔화된 모습을 나타내고 있다. 또한 중국도 리오프닝 이후 생각보다 미미한 소비 회복세를 시현해 실망감을 자아냈다. 한편 이러한 가운데서도 소비재 업체들의 성과는 업종별로 큰 차이를 보였는데, 2024년에는 이에 따른 기저효과의 존재 여부도 중요한 요소가 될 것으로 보인다.

먼저 음식료 업종의 경우 비중 확대 의견을 제시한다. 이에 대한 근거로

① 판가-원가 스프레드 확대, ② 판매량 정상화, ③ 실적 기저효과, ④ 수출 지표와의 역사적 연관성, ⑤ 방어주 프리미엄 확대 등을 들 수 있다. 판가 인상 이후 인기가 감소하며 나타나는 이익 개선은 업종의 가장 큰 모멘텀이 될 수 있음에도, 2023년 판매량 감소와 원가 상승 부담 지속으로 인해 기대감이 실종된 상태였다. 그러나 최근 판매량의 역성장폭이 완만하게 줄어들고 있고, 2022년 4분기부터 감소세가 나타났던 기저효과를 고려하면 2024년은 성장세로 돌아설 가능성이 높다. 원가도 최근 발생한 이스라엘 전쟁이 자극 요인이 되고 있기는 하지만, 원당을 제외하고 전반적으로는 2024년 초 이후 하향 안정화 추세를 지속하고 있다. 따라서 실적 턴어라운드에 대한 가시성이 높아질 것으로 판단된다. 이와 함께 불안한 매크로 정세는 방어주 선호 심리를 부추기기에 충분하다.

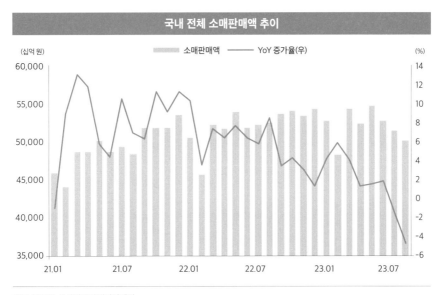

자료: 통계청, 상상인증권 리서치센터

다음으로 화장품 업종은 중립 의견을 제시한다. 그 이유로는 ① 중소형 주들의 비중국향 실적 역기저 부담 존재, ② 대형주에서 여전히 높은 비중을 차지하는 중국 실적의 더딘 회복 등을 꼽을 수 있다. 장기적으로는 한류 문화 확산에 따라 성장세가 지속되겠으나, 단기적으로는 실적 성장 대비 낮은 밸류에이션 매력을 보유한 업체 혹은 입국자 수 증가 및 소비 시즌 효과로 중국 회복세가 가시화되는 업체들을 주목할 필요가 있겠다.

마지막으로 미용 의료기기 업종은 중립 의견을 제시한다. 그 이유로 ① 글로벌 금리 인상 기조에 따른 미용 수요 및 장비 매출 둔화 우려, ② 높은 실적 성장세로 업종 전반 밸류에이션 급상승 등이 있다. 그러나 2024년에도 카테고리 및 해외 진출국 확장 등 국내 업체들의 본업에 대한 체력 강화 노력은 꾸준히 이어질 것으로 예상되며, 중장기적으로 비중 확대를 고려할 필요가 있다.

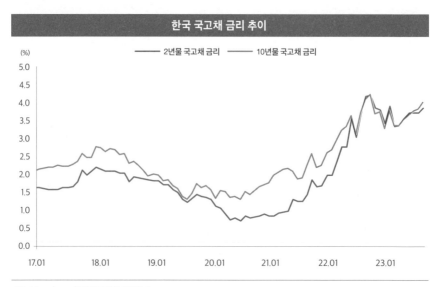

한국 국고채 금리 추이

자료: Bloomberg, 상상인증권 리서치센터

음식료, 원가와 판매량 회복이 기대되는 한 해

일부를 제외한 다수 상위 음식료 업체들의 2023년 실적은 부진했다. 특히 매출보다 영업이익 측면에서 부진했는데, 이는 음식료 산업의 특징에 따른 결과이다. 음식료 업종은 내수 판매 위주로 이루어지는 필수소비재로, 음식료 업체들의 매출은 보통의 경우 예년 수준으로 유지되거나 GDP 성장률 수준의 상승세를 보인다. 따라서 음식료 업체들에 대한 투자 포인트는 보편적으로 안정적인 흐름을 보이는 매출보다는 이익 성장률이 되는 경우가 많다.

대개 음식료 업체들의 실적 상승 패턴은 원가 부담이 증가되면 제품 판가 인상이 이루어지며, 이후 원가가 하락하면 높아진 판가로 인해 이익 성장이 실현되는 사이클로 이루어진다. 이에 대한 전제조건은 판매량의 유지다.

음식료 업체들은 코로나 발생 이후 판가를 4년여간 꾸준히 인상해왔음에도 생산비용 상승률이 더 가팔랐던 까닭에 지속적인 가격 인상을 필요로 했다. 그러니 정부의 물가 관리로 인한 압박이 거세진 데다 이미 오랜 기간 누적되어온 가격 인상이 소비자들로 하여금 피로감을 불러일으키며 필수소비재 수요의 가격 비탄력성을 훼손시켰다. 이러한 상황은 급기야 판매량을 위협하며 2023년 음식료 업체들의 실적 부진을 이끌었다.

2022년 피크를 찍었던 소맥, 옥수수, 대두, 원당 등 주요 4대 곡종의 곡물 가격은 여전히 역대 최고치를 향해 달려가는 원당을 제외하면, 하향 안정화 추세에 접어든 것으로 보인다. 미국 농무부(USDA)가 예측하는 주요 곡종의 글로벌 기말재고율이나 엘니뇨, 이스라엘-하마스 전쟁 영향 등 대외적 상황을 감안할 때 아직까지 곡물 가격에 대한 우려가 모두 해소된 것은 아니지만, 제품 생산에 대한 투입 시점을 고려할 때 2023년에 나타난 곡물가 하락

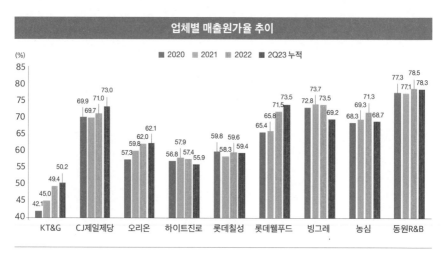

자료: 각 사, 상상인증권 리서치센터

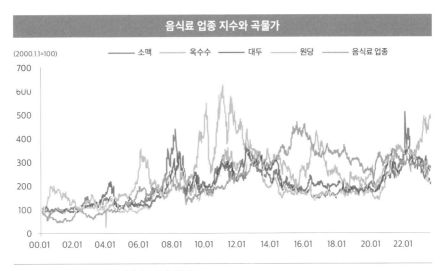

음식료 업종 지수와 곡물가

(2000.1.1=100)

소맥 ── 옥수수 ── 대두 ── 원당 ── 음식료 업종

자료: Bloomberg, Quantiwise, 상상인증권 리서치센터

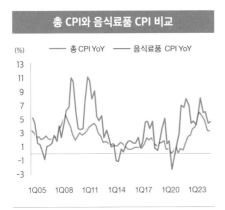

총 CPI와 음식료품 CPI 비교

(%)

── 총 CPI YoY ── 음식료품 CPI YoY

자료: 통계청, 상상인증권 리서치센터

음식료품 CPI-PPI 비교

(%)

── 음식료품(담배, 주류 제외) CPI YoY
── 음식료품 PPI YoY

자료: 통계청, 상상인증권 리서치센터

은 2024년도 업체들의 원가 부담을 완화할 수 있는 기대 요인이다.

　한편 가격 상승 부담으로 감소했던 판매량도 역성장폭이 차츰 줄어들며 다시 회복되고 있는 모습을 나타내고 있어, 매출 회복에 따른 이익 성장이 극대화될 전망이다. 대체로 2022년까지 높은 실적에 대한 역기저 부담으로 2023년 실적이 부진했다는 점을 고려할 때 2024년에는 음식료 업체들의 실적 개선이 본격적으로 가시화될 것이라 예상한다.

화장품, 남아 있는 숭국 회복 기회 엿보기

2023년 화장품 시장에서 주목받았던 이슈는 우리나라보다 일찍이 화장품 산업이 성숙했던 일본, 미국에서 국내 화장품 성장세가 두드러졌다는 사실이다. 미국향 수출은 2015년 2억 달러에서 2022년 7억 달러로 증가했고, 일본향 수출은 같은 시기 1억 달러에서 6억 달러로 증가했다. 현재까지도 이러한 성장세는 계속해서 이어지고 있다.

이에 따라 해당 지역으로의 매출이 회사 전체의 실적 성장을 견인하기에 충분했던 중소형주들의 주가가 높은 상승세를 시현하였다. 반면 중국 사업 비중이 컸던 전통적 대형 브랜드 업체들의 실적과 주가는 부진해 차별화 흐름이 지속되었다. 특히 비중국향 실적이 급성장한 업체들의 경우, 대체로 자체 생산보다는 외주 생산이 보편적인 중소형사들이라는 공통점이 있어

OEM/ODM 업체들 역시 수혜를 받았다.

더욱이 이러한 양극화 흐름을 가속화시켰던 또 다른 이유로 시장의 쏠림 현상도 꼽을 수 있겠다. 코로나 팬데믹이 지배하던 지난 몇 년간 주식시장의 화두는 성장이었다. 이에 당장의 높은 성장세가 향후에도 지속될 것을 낙관하며 급등한 종목은 더욱 가파른 상승세를 시현했으며 이러한 패턴은 화장품 업종에서도 나타났다. 그러나 높은 금리 레벨이 생각보다 오래 유지될 가능성이 높아지자, 소위 성장주로 평가되던 주식들의 주가 흐름이 부진한 모습이다. 특히나 소비재의 경우 일상생활과 맞닿아 있는 까닭에 실적이 가시적으로 뒷받침되는 편안한 가격대의 주식이 선호될 가능성이 높다.

비중국향 모멘텀은 계속해서 장기적으로 국내 화장품 산업을 한 단계 레벨업시키는 계기가 되겠으나, 주가 측면에서는 2023년 한 해 동안 이를 충분

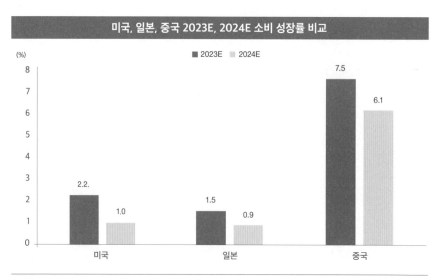

미국, 일본, 중국 2023E, 2024E 소비 성장률 비교

자료: Bloomberg, OECD, 상상인증권 리서치센터

히 반영해왔다고 생각한다. 마침 2024년부터는 글로벌 소비시장도 둔화될 가능성이 높아지고 있다. 따라서 이제부터 단기적으로 시장의 관심은 중국으로 이동할 공산이 크다. 국내와 비중국 지역에서 리오프닝 수혜로 성장세가 이어질 때 중국 관련 실적 개선은 지연되었기 때문이다. 여전히 국내 화장품 산업은 중국 의존도가 높기도 하다. 중국 실적에 대한 눈높이가 충분히 낮아져 있는 시점이므로, 업종 분위기는 단기적으로 중국 소비 이벤트의 기대치 상회 여부와 인바운드 효과 등에 영향을 받을 것으로 예상한다.

미용 의료기기,
이후 성장동력을 마련하는 한 해

불확실한 글로벌 매크로 환경에 따라 미용 시술 및 장비 수요 또한 성장 속도 둔화가 우려되고 있다. 글로벌 미용 의료기기 업체 인모드의 2023년 3분기 매출은 예상치 대비 10% 하회했는데, 주요인은 미 금리 인상 및 경기 침체에 따라 병의원의 고가 장비 구매자금 조달이 어려워졌다는 점이다. 인모드는 2023년 가이던스를 5% 하향 조정하며 이러한 우려가 지속될 것으로 전망하였다.

국내 업체들 역시 업황에 따른 실적 성장세 둔화 가능성은 존재하나, 국내 장비들은 글로벌 주요 기기 대비 저렴한 판가 및 시술가로 글로벌 시장 내 중저가 포지션을 확보하고 있어 수요 방어가 비교적 용이하다. 따라서 2024년에도 가격경쟁력에 기반한 실적 성장을 이어갈 것으로 전망한다. 더불어

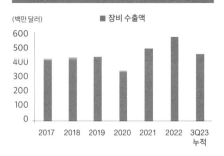

미용 의료기기 장비 수출액 추이

(백만 달러)　　■ 장비 수출액

자료: 관세청, 상상인증권 리서치센터

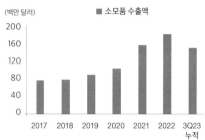

미용 의료기기 소모품 수출액 추이

(백만 달러)　　■ 소모품 수출액

자료: 관세청, 상상인증권 리서치센터

2024년은 해외 진출 및 장비 카테고리 확장을 통한 신규 매출원 확보에 집중하며 중장기적인 성장동력을 마련하는 한 해가 될 것으로 예상한다.

　2023년 국내 미용 의료기기 주요 업체들은 기존 주력 장비의 누적 판매 대수 성장 이후 소모품 매출이 지속 창출되며 수익성이 개선되는 안정적 성장 궤도에 진입하였다. 2024년 미용 의료기기 업체들은 신규 장비 출시를 통한 카테고리 확장으로 성장의 선순환 구도를 더욱 공고히 할 것으로 예상한다. 업체별로 다양한 신규 장비가 출시되었으며, 초기 반응 또한 긍정적인 것으로 파악되고 있다. 클래시스의 경우 이루다 지분 인수를 통해 기존에 미흡했던 카테고리에서 시너지 효과를 얻을 수 있게 되었다. 2024년에는 카테고리 확장이 매출에 본격적으로 반영되면서 실적 성장에 기여할 것으로 예상한다.

　한편 해외 진출을 통한 외형 확장에 대해서는 보다 선별적인 판단이 필요하다. 2024년에도 업체들의 신규 해외 진출이 다수 예정돼 있다. 그러나 시장 악화가 지속될 경우 수요 둔화뿐만 아니라 인허가 및 진출 시점 자체의 지

연도 발생할 가능성이 존재한다. 따라서 해외 진출이 실적 개선에 실질적으로 기여 가능한지 여부는 진출 국가의 시장 회복 속도 및 제품 초기 반응을 고려하여 판단해야 한다.

기업 분석

빙그레

한국인이라면 빙그레의 제품들을 모를 수 없을 것이다. 빙그레는 우리에게 익숙한 바나나맛 우유, 요플레 등의 유제품류를 주로 생산하는 식품 업체이다. 빙과류 사업도 운영하고 있어 메로나, 비비빅, 투게더 등을 판매하고 있으며, 자회사 해태아이스크림의 대표 상품은 부라보콘이다.

| K-아이스크림, 외국인도 매력에 풍덩!

한국인의 입맛이 담긴 빙그레 상품들은 외국인들의 입맛 또한 사로잡고 있는 중이다. 빙그레의 수출 실적은 2019~2023년 기준 5년 평균 성장률 냉장 제품 24%, 냉동 제품 19%로 높은 수준을 지속하고 있는 점에 주목할 필요가 있다. 특히 국내 아이스크림 수출액은 2023년 8월 누계 기준 전년의 95% 수준을 달성하면서 높은 성장세를 보여주고 있다. 빙과류 시장 지배력이 강화되고 있는 동사는 2024년에도 견조한 해외 매출 성장률이 이어짐에 따라 연간 수출 비중이 10% 이상으로 확대될 전망이다.

| 실적 고성장 예상에도 매우 저평가된 주가 수준

2024년에는 현재의 높은 수익성을 유지하면서 매출 성장에 집중할 계획이다. 2023년 상승한 원유, 설탕 등 원재료 부담은 제품 가격에 전가되고 있어 내수 매출 역시 판가 인상과 판매량 회복으로 성장세가 나타날 전망이다. 빙그레는 빙과류 수출 고성장 추세와 시장 지배력 강화에 따른 실적 개선이 기대되나 현재 주가 수준은 업종 대비 극도로 저평가되었다. 2023년 주가는 지속된 실적 호조와 함께 상승 흐름을 보였다. 높아지고 있는 수출 비중과 시장 지배력을 감안할 때, 빙그레의 높은 투자 매력은 2024년에도 유효할 전망이다.

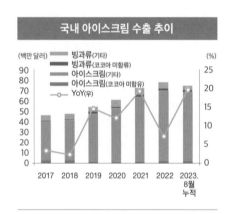

국내 아이스크림 수출 추이

자료: 관세청, 상상인증권

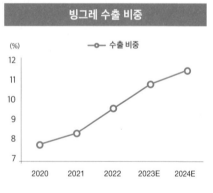

빙그레 수출 비중

자료: 빙그레, 상상인증권

CJ제일제당

조미료 회사에서부터 시작한 CJ제일제당은 어느덧 한국인 밥상에서 빼놓을 수 없는 종합 식품 회사로 성장하였다. CJ제일제당은 설탕, 밀가루 등의 소재식품에서부터 햇반, 만두, 피자 등 가공식품, 가축 사료와 식품에 첨가되는 아미노산 등을 생산하고 있다.

| 본격 시작되는 실적 개선

CJ제일제당의 실적 기저와 원가 흐름을 감안할 때, 2024년 본격적인 실적 개선세가 이어질 것으로 전망한다. 2024년에는 원가 부담이 완화되고 가공식품 판매량이 회복될 것으로 기대된다. 원당을 제외한 주요 곡종의 곡물 가격은 2023년 초 이후 하향 안정화 추세에 접어들었다. 곡물가 하향 추세가 원가에 반영되기까지 약 6개월의 시차가 존재한다는 점을 감안할 때, 2024년 원가 부담 완화를 기대할 수 있다. 또한 북미 사업의 비중이 꾸준히 증가하고 있어 긍정적이다. 냉동피자와 만두 등 동사의 가공식품은 미국에서 점유율 1위를 달성하는 등 해외 매출을 견인하고 있다. 2023년 실적 악화로 밸류에이션 수준은 다소 높아졌으나, 실적 회복세와 글로벌 사업 강화로 인한 중장기 변화에 주목해야 할 때이다.

| 자회사 매각을 통한 재무 여력 확보

CJ제일제당은 2023년 10월 브라질 대두 단백질 사료 제조 자회사인 셀

곡물가 추이	CJ제일제당 해외 주요 제품: 피자, 만두

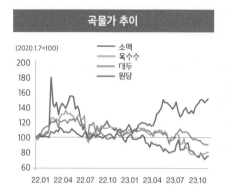

자료: Bloomberg 상상인증권

자료: Red Baron, CJ제일제당, 상상인증권

렉타(Selecta) 매각을 공시하였다. 2017년 인수 이래 셀렉타 실적이 꾸준히 개선되며 전사 매출과 이익에 기여도가 높아졌다는 점에서 이번 매각은 다소 아쉬운 결정일 수 있겠으나, 4,800억 원 수준의 재무 여력이 생긴 점은 향후 주력 사업 집중 혹은 차입금 상환 등의 측면에서 긍정적이다.

KT&G

편의점 한 벽면을 빼곡히 채우고 있는 다양한 브랜드의 담배들은 대다수가 KT&G의 제품들이다. KT&G는 에쎄, 레종, 보헴 등의 브랜드를 보유한 궐련 담배 시장의 대표주자이며, '릴' 브랜드를 중심으로 한 전자담배 기기, 믹스와 핏 등의 브랜드 중심 전자담배 스틱을 제조 및 판매하는 업체다. 자회사로 한국인삼공사를 보유하고 있어 홍삼 관련 건강기능식품을 판매하고 있다.

제2부 투자의 흐름이 보이는 2024년 핵심 산업과 기업 분석

┃ 담배, 홍삼 등 전 사업부 해외에서 활약 중

KT&G의 궐련 담배, 건강기능식품 등 핵심사업은 높은 해외 성장률이 지속되고 있다. 특히 해외 실적은 궐련 담배 성장이 견인할 것으로 예상한다. 해외 궐련 담배 매출 성장세는 중동 및 아시아태평양 지역향 수출 회복세에 따라 2023년에 이어 2024년에도 꾸준히 이어질 전망이다. 건강기능식품 또한 최근 양호한 해외 매출 성장세가 나타나고 있어 과거의 내수 방어주 이미지를 탈피하고 있는 점이 고무적이다. 본업을 통한 실적 개선이 이루어지고 있을 뿐 아니라 반기 배당 도입, 자사주 매입 및 소각 등 주주환원에도 적극적인 행보를 보임에 따라 견조한 흐름의 주가를 지속할 것으로 전망한다.

┃ 10년간 부재했던 담배 가격 인상 기대

2024년 담배 가격 인상 가능성이 KT&G의 추가적인 모멘텀으로 부각될 수 있다고 판단한다. 국내 담배 가격의 마지막 인상 시점이 2015년 연초라

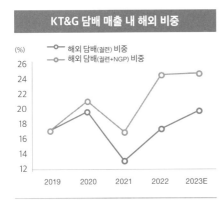

자료: KT&G, 상상인증권
주: 수출+해외 법인 합계 매출 기준

자료: KT&G, 상상인증권

는 점을 고려했을 때, 2024년 국내 담배 가격 인상에 대한 가능성도 높아지고 있어 이에 대한 기대감이 동사의 주가에 긍정적으로 반영될 것으로 기대된다.

아모레G

아모레G는 아모레퍼시픽, 이니스프리, 에뛰드, 아모스프로페셔널, 에스쁘아, 오설록 등의 자회사를 보유하고 있는 지주회사다. 주요 자회사인 아모레퍼시픽은 화장품 및 생활용품을 제조 및 판매하는 업체로, 대표 화장품 브랜드는 설화수·헤라·라네즈, 생활용품 브랜드는 려·미장센·해피바스 등이 있으며, 비상장 화장품 자회사로는 이니스프리·에뛰드·에스쁘아·아모스 등을 보유하고 있다.

│ 아모레퍼시픽에 매력적인 개별 브랜드 더하기

전통적인 대형 브랜드보다 중소형 브랜드 및 멀티 브랜드숍 채널이 최근 시장에서 각광받고 있음을 고려할 때 아모레퍼시픽 대비 상대적으로 아모레G의 포트폴리오가 더욱 매력적일 수 있다. 2010년대 초 원 브랜드숍 전성시대가 끝난 이후 동사의 실적과 주가는 대체로 아모레퍼시픽에만 연동되고 있는 모습이다. 그러나 화장품 자회사로 분리된 개별 브랜드들 역시 오랜 기간 구조조정을 거쳐 단독 매장을 철수하고 멀티 브랜드숍 채널 입점을 확대하며 실적 개선세가 나타나고 있다. 개선된 수익구조 하에서 입국자 수 회복에 따른 매출 성장세가 나타날 경우 영업이익에 유의미한 기여가 가능할 것으로 보인다. 한편 아모레퍼시픽은 중저가 더마 브랜드 코스알엑스 잔여 지분을 인수하며 해외 사업 확대에 박차를 가하고 있으며, 아모레G 또한 수혜가 기대된다.

| 지주사 할인 요소 감안하더라도 매력적인 주가

아모레G의 2024년 영업이익은 아모레퍼시픽과 기타 화장품 자회사의 실적 턴어라운드를 바탕으로 전년 대비 83% 성장할 것으로 전망되는데, 지주사라는 할인 요소를 고려하더라도 현재 밸류에이션은 아모레퍼시픽 대비 크게 낮아 부담 없는 수준으로 판단된다.

아모레G 보유 브랜드

자료: 아모레G, 상상인증권

한국콜마

화장품 뒷면에 '제조업자' 명이 브랜드 명과 달라서 궁금증을 가진 경우가 있을 것이다. 대형 업체의 경우 상품을 직접 제조하기도 하지만, 대부분의 화장품 브랜드 업체는 OEM/ODM 업체에 외주 생산을 맡기는 경우가 많다. 한국콜마는 이러한 화장품 OEM/ODM 업체로, 최근 화장품 용기 생산업체 연우를 100% 자회사로 편입하면서 패키지까지 아우르는 사업 영역을 확보하였다.

▌ 중국 법인 실적 개선, 미국 2공장 완공으로 해외 실적 성장 기대

국내외에서 중소형 브랜드 업체들이 화장품 시장의 분위기를 주도하고 있는 가운데, 그간 상대적으로 낮았던 동사의 해외 매출 비중이 꾸준한 성장세가 예상되고 있어 긍정적이다. 특히 중국 내 현지 고객사들로부터 신뢰도를 점차 확대해감에 따라 줄곧 적자를 기록하고 있었던 중국 법인이 흑자 전환되어 앞으로도 꾸준한 개선세가 기대된다. 또한 2024년 말 미국 2공장 완공으로 해외 모멘텀이 추가될 수 있다는 점에서 중장기로도 주목할 만하다.

▌ 자식 농사도 열심히 짓고 있다

화장품 용기 업체 연우에 대한 완전 자회사 편입을 공시해 향후 상장폐지를 예고했으며, 중복상장에 따른 주가 할인 요소가 일부 제거될 것으로 기대된다. 또한 HK이노엔과 연우 등 자회사 실적 역시 실적이 개선되고 있는

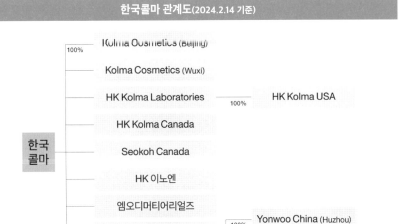

한국콜마 관계도(2024.2.14 기준)

- Kolma Oosmetics (Beijing) — 100%
- Kolma Cosmetics (Wuxi)
- HK Kolma Laboratories — 100% — HK Kolma USA
- HK Kolma Canada
- Seokoh Canada
- HK 이노엔
- 엠오디머티어리얼즈
- 연우 — 100% — Yonwoo China (Huzhou) / 100% — 에이치케이케미스토리
- 코웨이비앤에이치

한국콜마

자료: 한국콜마, 상상인증권

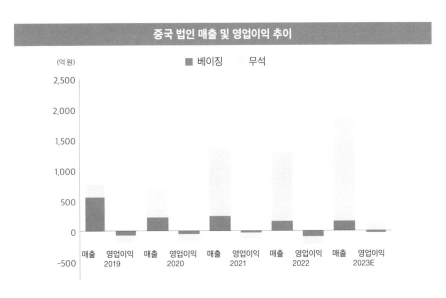

중국 법인 매출 및 영업이익 추이

(억 원)   ■ 베이징   ■ 무석

자료: 한국콜마, 상상인증권

만큼 2024년에도 전 사업부 모두 안정적인 실적 성장이 이어질 것으로 예상한다.

제이시스메디칼

피부의 탄력과 재생 등을 목적으로 피부과에서는 다양한 시술을 진행한다. 제이시스메디칼은 피부과 시술에 쓰이는 미용 의료기기를 제조 및 판매하는 업체다. 동사의 상품은 고주파, 초음파, 레이저 등 다양한 에너지원을 기반으로 하며, 주력 상품으로는 고주파를 사용하는 포텐자와 덴서티, 초음파를 기반으로 하는 리니어지 등이 있다.

| 고주파 장비가 이끌 한 해

제이시스메디칼은 고주파 장비의 일본 수요 확대와 꾸준한 신제품 출시를 통한 장비 매출 확대가 기대된다. 포텐자 일본 수요 확대 추세가 견조하게 이어지고 있는 것으로 파악되며, 이러한 추세는 2024년에도 지속될 것으로 예상한다. 또한 2023년 하반기 출시된 신규 비침습 고주파 장비 덴서티는 국내 초기 반응이 긍정적이다. 덴서티를 통해 기존에 없던 신규 에너지원 비침습 고주파 매출이 새롭게 창출되며 2024년 장비 매출 성장을 견인할 것으로 예상된다. 2024년 초 신규 초음파 장비 출시에 따라 신제품 효과도 기대된다.

비침습 고주파 장비 덴서티

자료: 언론 보도, 제이시스메디칼, 상상인증권

제이시스메디칼 에너지원별 제품 현황	
에니지원	무딕 제품
초음파	리니어지, 신규 초음파 장비 (1Q24 출시 예정)
최소침습 고주파	포텐자
비침습 고주파	덴서티(2Q23 출시, 미국 ODM 파드니십 진출, 일본 진출 예정)
레이저	cellecv system, TRI BEAM Premium

자료: 제이시스메디칼, 상상인증권

| 파트너사 ODM 계약으로 보장된 해외 매출

동사의 덴서티 미국 진출은 파트너사와의 ODM 형태로 진행됨에 따라 글로벌 경기 및 수요 둔화에도 안정적 매출원 확보가 가능하다. 덴서티는 미국, 일본에도 진출하며 2024년 장비 매출을 주도할 것으로 예상한다. 덴서티의 최소 물량 공급이 확보되는 ODM 형태의 진출 방식으로 진행되기 때문에 유통 및 공급량 확보에 유리하다. 또한 계약 단가는 포텐자 대비 2배가량 확대되어 매출 확대에 크게 기여할 것으로 기대된다.

제5장

전력기기

사이클의 끝을 다시 쓰다

김광식 연구원

전력기기 사이클은
이제 시작

 2023년 글로벌 에너지 시장은 넷제로(Net-Zero)를 달성하기 위한 신재생에너지원의 확대에 초점이 맞춰졌다. 우리와 친숙하던 석탄, 석유와 같은 화석연료로부터 새로운 시대의 제1에너지원이 될 풍력, 태양광으로 말이다. 이미 주요 선진국에서 신재생에너지원의 비중은 꽤나 높아진 상태이다. 유럽의 재생에너지원(수력, 풍력, 태양광 등) 비중은 2010년 8.8%에서 2021년 13.5%로 상승했다. 유럽 내에서도 선두국인 스웨덴의 경우 2022년 기준 재생에너지원의 비중은 63.2%까지 상승했다. 그렇다면 이미 시작된 글로벌 에너지원 대전환기에 어떠한 변화가 일어날지 고민해봐야 하는 시점이다.

재생에너지 확대의 주축이 될 신재생에너지(태양광, 풍력)는 그 자체만으로 소비할 수 없다. 신재생에너지는 우리가 소비하는 최종 에너지(Final Energy)가 아니라 1차 에너지원(Primary Energy 또는 1st Energy)이라는 점에 유념할 필요가 있다. 바람과 태양광으로부터 얻은 에너지를 최종 에너지이 형태인 전기로 전환해야 소비가 가능하다. 즉 넷제로를 위한 재생에너지원의 확대가 이루어질수록 에너지 믹스(Energy Mix, 에너지원)에서 전력이 차지하는 비중은 커지게 된다는 의미다.

어기서 문제가 발생하고 있다. 신재생에너지원 설치의 급등에 따른 전기 수요의 증가에 비해 그리드 투자가 부족했다. 이에 따라 그리드 용량 부족으로 신규 설치된 에너지원들이 국가 전력망에 연결이 어려워지는 사태가 발생했다. BNEF에 따르면 2022년 말 기준 미국과 유럽에서 1,000GW(기가와트)의 태양광과 500GW의 풍력 에너지가 그리드 연결을 기다리고 있다. 즉 넷제로

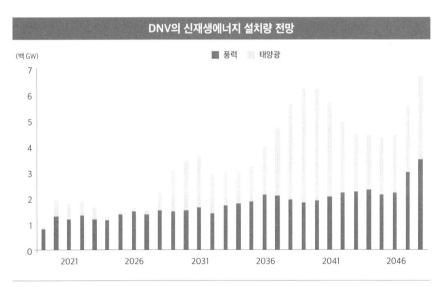

자료: DNV, 상상인증권

를 달성하기 위해서는 그리드 투자가 선제적으로 시급하게 이루어져야 한다. 그리고 그리드 투자를 위해 필요한 제품을 제공하는 전력기기 업체들은 이러한 환경에서 수혜를 받을 수 있는 대표적 업종이 될 것이다.

그렇다면 그리드는 무엇이고, 왜 어려울까?

그리드는 신재생에너지원 전환을 이루기 위한 필수조건이자 선제조건이다. 그렇다면 그리드라는 것이 무엇일까? 그리드(Grid Infrastructure, 전력망·전력계통)는 전기를 생산하는 발전소부터 전기를 옮기기 위한 전선과 송전탑, 그리고 우리 주변에서 볼 수 있는 전신주까지를 포괄하는 용어다. 간략하게 전기를 옮기기 위한 사회간접자본이라고도 말할 수 있겠다. 그리드는 다양한 방식으로 구분할 수 있으나, 가장 간단한 구분으로는 송전(Transmission)과 배전(Distribution)으로 나뉘게 된다. 그리고 송전과 배전을 원활하게 해주는 주요 시설을 변전소(Substation)라고 한다.

송전은 발전소에서 생산한 전기를 수송하는 과정을 말한다. 송전의 주요 목적은 최소한의 송전 손실로 수요처까지 전력을 공급하는 것이다. 손실을 줄이기 위해 가정에서 사용하는 220V에 비해 700배 이상인 154kV 이상의 전압으로 송전을 실시한다. 이후 전기가 수요지 근처까지 이동했을 때 배전 시스템이 작동한다. 송전에서 온 높은 전압을 배전의 최대 전압 수준인 60kV 미만으로 감압한 후 최종 소비자(End User)에게 전달한다. 전기의 송전, 배전, 변환 등이 이루어지는 시설을 변전소(Electrical Susbstation)라고 일컬으며, 발전소와 송전선, 송전선과 배전선을 연결하는 역할을 한다. 변전소에서는 전압 수준과 전기 흐름을 제어하여 안정적인 전력계통 운영을 위한 주요 전기설비들이 있다.

이렇듯 문명의 산물인 전기의 원활한 사용을 위해서는 국토 전역에 그리드 설치가 필수적이다. 이러한 인프라 구축만으로 어렵지만 이것이 끝이 아니다. 전력은 생산된 후 송전선을 거쳐 사무실의 컴퓨터까지 도달하기까지 1초 이내의 시간이 소요된다. 즉 전력은 생산되는 즉시 소비가 되어야 한다. 만약 수요의 불균형이 발생한다면 그리드의 불안정을 초래한다. 최악의 사태에는 전력기기의 고장 등으로 대규모 정전사태(Black-Out)가 발생할 수 있다. 따라서 그리드 운영 주체들의 주요 과제 중 하나는 수요 예측이다. 이 때문에 그리드의 현대화를 목적으로 한 스마트 그리드(Smart Grid) 투자 역시 활발해지는 추세이다.

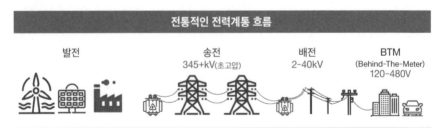

자료: 상상인증권

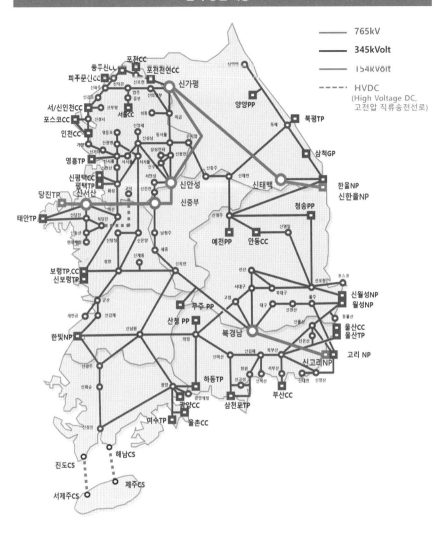

765kV
345kVolt
154kVolt
----- HVDC
(High Voltage DC,
고전압 직류송전선로)

자료: 전기설비, 상상인증권

신재생에너지 확대가
그리드에 미치는
영향은 무엇일까?

전력기기란 무엇일까? 그리드를 구성하는 기기다. 따라서 전기 수요가 상승한다면 새로운 그리드 설치가 증가하고, 전력기기 수요 역시 큰 폭으로 증가할 것이다. 실제로 전기 수요가 크게 증가할 때 대표적인 전력기기 품목인 변압기의 무역 규모 역시 대체적으로 늘어나는 모습을 확인할 수 있었다. 즉 전력기기의 향후 업황을 전망하기 위해 전기 수요의 변화에 주목할 필요가 있다. DNV에 따르면 2022년부터 2030년까지 글로벌 전기 수요는 연평균 3.1% 상승할 것으로 전망되고 있다. 2010년대의 전기 수요가 연평균 2.5% 상승한 것에 비해 크게 증가한 수치다. 이러한 배경에는 결국 에너지원의 대전환이 가장 큰 영향을 끼치고 있다.

2010년 전 세계 재생에너지원의 비중은 8.2%였으나 2020년 11.6%까지 상승했다. 재생에너지원 전환은 더욱 빨라질 것으로 기대된다. 2023년 10월 11일 유럽연합은 재생에너지 발전 비중을 기존의 32%에서 42.5%(조건부 45.0%)로 올리는 법안을 최종 채택했다. 2030년의 재생에너지원 비중이 22.3%까지 상승할 것으로 전망된다는 것을 고려한다면 매우 공격적인 비중 설정이다. 신재생에너지 전환에 다소 뒤늦었던 미국은 2022년 IRA(Inflation Reduction Action) 법안이 통과되며 본격적인 에너지 대전환 시대를 알렸다. 2030년까지 에너지 안보와 기후변화 대응에 3,960억 달러(약 500조 원)가 투자되며, 온실가스 감축량을 기존 대비 40% 감축한다는 목표를 제시했다. 이로 인해 고금리 상황임에도 불구하고 미국의 2023년 상반기 태양광과 풍력터빈 설치량은 역대 최대 설치량을 갱신했다. 선진국을 중심으로 일어나는 공격적인 정책 설정은 향후 신재생에너지원의 확대와 이로 인한 전력 수요의 증가

글로벌 변압기 무역액과 전력 수요 증감률

자료: DNV, 상상인증권

가 지속적으로 이루어질 것을 암시한다.

신재생에너지원으로 인한 전력 수요 증가만으로도 전력기기 수요에는 긍정적인 영향을 미친다. 그러나 신재생에너지원이 가지는 고유한 두 가지 특성은 그리드 투자 필요성을 더욱 증가시키게 된다.

미국의 풍력 자원은 해상 풍력이 가능한 연안지대와 비교적 고지대인 중부 지역이 자원이 풍부하다. 다만 미국의 해상 풍력은 시작 단계로서 현재까지 미국의 풍력발전은 중부 지역의 넓은 국토를 활용한 육상 풍력을 중심으로 발전했다. 여기서 문제가 발생한다. 미국 전체 전력 수요의 80%는 연안지대에서 발생한다. 즉 수요처와 생산지로부터 괴리가 발생한다. 이러한 모습은 미국에서만 나오는 것이 아니다. 국내 태양광은 주로 태양광발전을 하기에 적합한 호남 지역에서 발생한다. 반면 대부분의 수요는 수도권에서 발생한다. 저량자원(Stock Resouces, 고갈성 자원의 모든 것 지칭)인 화석연료와는 달리, 형태가 없는 신재생에너지는 수요지 근처에 발전원 설치가 제한적이다. 이에 따라 새로

미국의 풍력발전망 지도

자료: Wind Exchange, 상상인증권
주: 색이 짙을수록 풍력 자원이 풍부한 지역

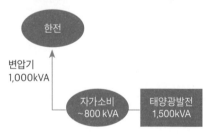

변압기(그리드) 용량만큼
한국전력에 역송 가능한 구조

자료: USGS, 상상인증권

운 지역에 설치된 수많은 신재생에너지원들을 수요지까지 끌어오기 위해 대규모 송전망 투자가 필요하다.

신재생에너지원이 균등하지 못한 반전과 지붕형 태양광으로 대표되는 분산형 발전의 빠른 성장 역시 그리드의 확장을 요구하는 원인이다. 주로 산업체와 가정에서 활용되는 분산형 발전은 일반적으로 생산되는 전기를 자가소비한 후 남은 물량을 공급하게 된다. 만약 산업체에서 생산 중단 등 자가수요가 급감하면, 생산되는 전기는 그리드를 통해 타 전력 수요처로 공급된다. 그리고 이것이 동시다발적으로 이루어질 때, 그리드의 허용 용량의 초과 가능성이 부각된다. 이를 해결하기 위해서는 원활한 수요 예측을 위한 그리드의 현대화가 이루어지는 동시에 그리드 용량의 확장이 요구되고 있다.

그리드에 들어가는 전력기기들

2021년 2월 텍사스주에서 대규모 한파로 인해 발생한 대규모 정전 사태가 발생했다. 500만 가구 이상이 전력공급이 중단되었으며, 일부 산업체에서는 한 달이라는 기간 동안 전력공급이 이루어지지 않았다. 피해액은 약 19억 달러, 한화로 2조 원에 달하는 것으로 추산되고 있다. 국내에서는 2011년 9·15 정전사태가 대규모 정전사태로 지목된다. 폭염으로 인한 높은 수요에도 한울 원자력 2, 4호기가 정기 교체 작업으로 인해 정지되었고, 국내 전력 시장의 미숙한 운영이 주요 원인이었다. 정확한 피해 추산액은 나오지 않았으나, 신호등의 정전으로 인한 연속적인 교통사고와 산업체들의 연속적인 피해가 언론에서 부각되었다. 이후 대규모 정전사태는 발생하지 않았으나, 변전소 문제로 인한 간헐적인 정전은 여전히 발생 중이다. 이처럼 전력

계통에 문제가 커질 경우 정전사태가 발생한다. 특히 대규모 정전사태로 커질 경우 피해 규모는 기하급수적으로 커진다. 그 때문에 대부분의 국가에서는 주요 발전소 및 변전소는 국가 주요 시설로 분류된다.

이러한 사태에 책임을 가지는 유틸리티 업체들은 납품사를 선정할 때 보수적인 스탠스를 취할 수밖에 없다. 이로 인해 전력기자재 사업은 높은 레퍼런스(납품 이력) 장벽을 보유하고 있다. 주요 전력기자재(고압변압·차단기 등)는 주요 업체들의 과점시장이 형성돼 있다. 송배전 전력기자재 시장은 2018년 기준 1,539억 달러 규모로 추산되고 있으며, 2028년까지 연평균 4.3% 성장할 것으로 전망되고 있다. 시장 세부적으로는 변압기(Transforemr)가 1/5, 차단기, 개폐기 등 포함된 수배전반의 총칭인 스위치기어(Switchgear)가 1/5을 차지한다. 이외 전선(Cables & Lines)이 2/5의 비중을 차지하며 미터링·조작·절연 장

글로벌 전력기기 부문별 시장 전망			
구분	2018	2028	증감률(%)
Transforemr	33,709	53,298	4.69
Switchgear	34,206	46,831	3.99
Insulator & Fittings	26,563	42,536	4.82
Cables & Lines	40,575	66,042	4.99
Inverters Converters	1,014	1,525	4.16
FACTS Equip.	4,230	6,212	3.91
Control & Metering	13,645	17,557	2.55
합계	153,945.5	234,003.2	4.28

자료: Goulden Rports, 한국전기연구원, 상상인증권

치 등이 나머지 비중을 차지하고 있다. 세부 기자재에서는 변압기, 전선의 연간 성장률이 가장 높을 것으로 예상되고 있다.

수급 불균형의 주인공 변압기, 너 뭔데?

현재 전력기기 사이클의 시작은 국내 전력기기 업체들의 핵심 제품인 변압기로부터 시작되었다. 2023년 7월 미국의 주택 건설 업체인 풀테그룹(Pulte Group)의 CEO는 컨퍼런스콜에서 "강조하고 싶은 부분은 전기 부품, 주문제작이 어려운 맞춤형 제품에서 주문에 소요되는 리드타임이 계속 길어지고 있다는 것입니다. 가장 대표적인 제품은 변압기로 공급이 매우 부족한 상태가 계속되고 있습니다"라고 언급했다. 그렇다면 변압기는 대체 어떠한 제품이고, 어떻게 분류가 되는 걸까?

변압기는 그리드에서 전압을 변경하거나 계통 사이를 연결해주는 인터체인지의 역할을 하는 품목으로 변전소에 들어가는 핵심 구성품이다. 변압기는 처리 가능 용량에 따라서 대형(송전) 변압기와 배전 변압기로 나뉜다.

대형 변압기(LPT, Large Power Transforemers)는 발전원(예: 발전소, 태양광발전소)의 전압을 승압하여 고압 송전선로(100kVA 이상)에 공급하고 송전선로의 전압을 강압하여 지역 변전소에서 고입 배진신로를 공급하는 데 사용된다. 반면 배전 변압기(DT, Distribution Transformers)는 LPT보다 훨씬 작으며 저전압 부하(가정 혹은 소규모 건물)에서 사용할 수 있는 최종 전압 레벨을 달성하기 위해 배전선으로부터 전압을 강압하는 데 사용된다. 배전 변압기는 전봇대 장착형, 패드 장착형(주로 길가에 있는 녹색 박스), 또는 지하에 매설도 가능하다. 특히 넓은 국토를 가진 미국은 향후 전봇대형(폴·패드) 변압기에 대한 수요가 높아질 것이라는 예측이 있다.

변압기 산업에서 짚어야 할 한 가지는 비용의 구성이다. 변압기의 비용에서 원재료는 약 60%를 차지하며, 주요 원재료는 방향성 전기강판(GOES,

765kV 규모의 대형 변압기(LPT)

자료: SGB-SMIT, 상상인증권

Grain-Oriented Electrical Steel)과 구리다. 이로 인해 변압기 가격은 GOES와 구리의 가격 변동에 민감한 영향을 받는다. 다만 수주 제품인 고압변압기의 경우 원재료 가격의 변동이 계약에 반영돼 있기에 수익성에는 제한적인 영향을 주게 된다. 동시에 변압기 사업은 노동집약적인 성격을 가지고 있다. 특히 대형 변압기의 경우 거대한 사이즈, 수주산업의 특성상 제품의 자동화가 어려운 부분이 크다. 이에 따라 생산능력이 숙련도의 영향이 크기 때문에 변압기 업체의 단기 생산능력 증가는 어려운 부분이 존재한다.

확정적으로 발생할 노후, 그리드 교체 수요

낡은 것은 교체되어야 하고, 기존에 있던 것들은 새로운 시대에 맞춰 발전하고 변화해야 한다. 그리드도 마찬가지다. 현재 설치돼 있는 선진국들의 그리드 설치는 주로 1960~1970년대에 이루어졌다. 일반적으로 송전단에 설치된 주요 전력기기들의 내용연수(상품을 사용할 수 있는 기간)가 50~80년임을 고려해본다면, 이미 대부분의 그리드는 교체주기가 이미 도달했거나 초과했다는 것을 의미한다. 노후화된 그리드가 가져다주는 결과는 끔찍하다. 2018년과 2020년 캘리포니아에서 대형 산불이 발생했다. 해당 사건으로 약 100명이 사망하고 100억 달러 이상의 피해가 발생했다. 사건의 원인은 미국의 최대 유틸리티 업체 중 하나였던 PG&E(Pacific Gas & Electric)의 노후화된 전력망(구체적으로는 전선)이었다. PG&E는 이로 인해 미국 전역으로부

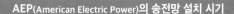

AEP(American Electric Power)의 송전망 설치 시기

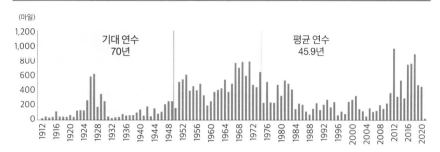

(마일)

기대 연수
70년

평균 연수
45.9년

자료: AEP, 상상인증권

터 비판을 받았으며, 피해보상을 위해 135억 달러를 지불하기로 합의했다.

이처럼 전력망의 노후화는 국토가 넓고, 유틸리티 산업의 민영화가 빠르게 이루어진 미국에서 도드라지고 있다. 미국 내 11개 주에 전력을 공급하며, 미국 내 가장 큰 유틸리티 업체 중 하나인 AEP(American Electric Power Company)는 2022년 UBS 컨퍼런스에서 2021년 기준 내용연수가 끝난 전선과 변압기 자산이 18%에 달한다고 밝힌 바 있다. 10년으로 범위를 넓히면, 내용연수가 끝난 자산수는 30%에 달할 것으로 예상된다. AEP가 미국 내 가장 큰 전력 송전 시스템을 보유할 만큼 탄탄한 재무구조를 가지고 있음에도 교체 투자는 아직 활성화되지 않았다. 이 뜻은 타 업체들의 송전 투자는 훨씬 더 부족할 것이라는 것을 의미한다. AEP의 전망에 따르면 미국 전역의 송전망 교체 수요만으로 40년까지 연평균 100억 달러 규모의 투자가 필요하다고 예상된다.

신재생에너지원의 추가와 자연재해로부터 그리드를 보호하기 위한 그리드의 현대화에도 추가 투자가 필요하다. 이것을 미국의 전기회사 대표 협회인

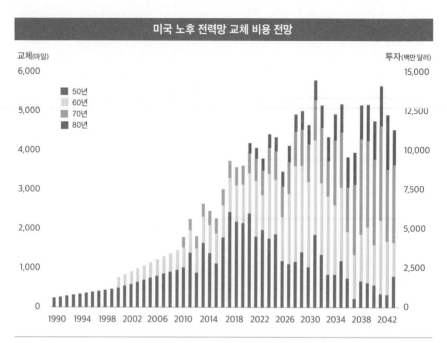

미국 노후 전력망 교체 비용 전망

교체(마일)

6,000

5,000

4,000

3,000

2,000

1,000

0

■ 50년
■ 60년
■ 70년
■ 80년

투자(백만 달러)

15,000

12,500

10,000

7,500

5,000

2,500

0

1990 1994 1998 2002 2006 2010 2014 2018 2022 2026 2030 2034 2038 2042

자료: AEP, 상상인증권

EEI(Edison Electric Institute)는 AHR(Adaptation, Hardening and Resilience, 적응·강화·회복탄력성)이라고 통칭하고 있다. 미국의 유틸리티 업체들은 총 투자금액 중 AHR 비중을 35%로 추정하고 있으며, 기존 자산의 교체 투자까지 포함한다면 그 비중은 총 투자액의 50~60%를 차지할 것으로 전망되고 있다.

미국과 비슷한 시기에 그리드를 확장한 유럽 역시 비슷한 상황이다. 2023년 유럽 배전망의 40%(2020년 33%가량)는 설치된 지 40년 이상으로 교체주기를 넘긴 상황이다. 공격적인 교체 투자가 이루어지지 않는다면 2030년까지 유럽의 한계치를 넘는 그리드는 절반에 달할 것으로 전망되고 있다. 유럽의 전력산업협회 유로일렉트릭(Euroelectric)에 따르면 "2050년까지 유럽 전력망

평균 연간 투자가 21년보다 최소 84% 높아야 한다"고 밝혔으며 BNEF에 따르면 "유럽은 전력망에 4.9조 달러를 지출해야 할 것으로 추산되며, 약 45%는 이미 존재하는 전력망을 강화하는 데 사용될 것"으로 예상하고 있다.

이미 노후화된 전력망은 더 이상 투자를 미룰 수 없는 지경에 이르렀다고 판단한다. 따라서 주요 선진국의 교체 수요는 이번 사이클에서 발생할 고정 수요로 작용할 것이며, 교체 수요가 지속적으로 높아지는 2030년까지 업황의 활황은 확고하다고 예상할 수 있다. 2024년은 높아지는 교체 수요의 영향을 지속적으로 받을 것이며, 이전까지 집중되었던 미국을 넘어 유럽의 교체 수요가 부각될 한 해가 될 것이라고 전망한다.

꼭 미국만
있는 것은 아니야

모든 판매자의 이목은 가장 매력적인 시장으로 쏠릴 수밖에 없다. 그렇다면 어떤 시장이 가장 매력적일까? 답은 명확하다. 미국이다. 미국은 글로벌 전력기기 시장에서 25%의 비중을 차지하고 있으며, 극심한 공급 부족으로 높은 가격 상승폭을 그리고 있다. 미국의 변압기 PPI(생산자물가지수)는 2020년 1월 255.5에서 2023년 1월 410.6까지 폭등했다. 높아진 PPI는 2023년에도 지속적으로 증가해 2023년 8월 418.6에 도달했다.

미국의 폭발적인 판가 상승은 글로벌 기업들의 미국 시장 진출 수요를 자극한다. 미국의 2022년 유럽산 변압기 수입액은 6.5억 달러로 2022년 대비 15% 증가했다. 2023년 상반기 유럽산 변압기 수입액 증가율은 20%로 더욱 높아졌다. 그러나 서술했듯 유럽 역시 교체 수요와 신규 수요가 동시에 발생하며 높은 수요 증가가 예상되는 시장이다. 유럽 로컬 업체들의 미국향 수출 증가는 결국 유럽 내에서도 전력기기 수급 불균형의 발생 가능성을 높이고 있다. 이는 국내 업체들의 2023년 수주 현황에서도 확인 가능하다. 유럽 시장은 글로벌 1티어(Tier) 업체들인 ABB, 이튼(Eaton)의 본사가 소재하는 곳으로 높은 레퍼런스를 요구하는 전력기기 시장 중에서도 가장 까다로운 지역으로 여겨진다. 그러나 효성중공업의 2023년 3분기 수주는 25%가 유럽향 수주였다. 현재 7%에 불과한 유럽향 매출을 고려해본다면 의미 있는 성과로 판단된다. 이는 기업의 노력에 따른 결실이기도 하지만, 현재 유럽 내 로컬 업체들의 공급만으로 해결하지 못하는 수요가 발생하고 있다고 판단할 수 있다.

미국의 높은 가격이 유럽에도 영향을 끼치는 것은 PPI로도 확인할 수 있다. 미국은 21년 2분기부터 본격적인 상승이 발생했으나, 독일은 22년 1분기

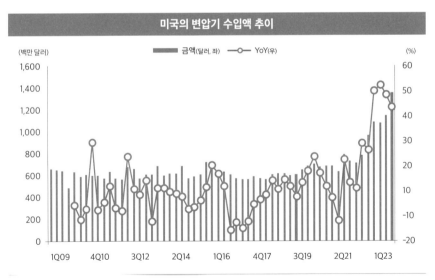

자료: USTIC, 상상인증권

부터 본격적인 P 상승이 나타났다. 동시에 2022년 3분기 미국의 가격 상승 추세가 멈추자 유럽 지역에서 2023년 2분기부터 상승폭이 둔화되기 시작했다. 이를 고려했을 때 미국과 2분기~1년 사이의 래깅이 있는 것으로 파악되며 이는 미국에서 발생한 수급 불균형의 영향이 유럽에도 영향을 끼치고 있다고 판단한다.

미국의 2023년 PPI가 상승 추이가 지속됨에 따라 유럽 업체들의 미국향 수출 수요는 더욱 올라갈 것이다. 즉 잠시 완화되었던 유럽의 PPI 상승 추세가 이어질 것으로 예상된다. 동시에 유럽의 2023년 그리드 투자액 예상치는 360억 유로로 유로일렉트릭의 필요 전망치인 650억 유로에 비해 크게 부족한 상황으로 2024년부터 본격적인 그리드 투자가 집행될 것으로 전망한다. 이에 2024년은 미국에 한정되었던 전력기기 수급 불균형이 유럽으로 확산될

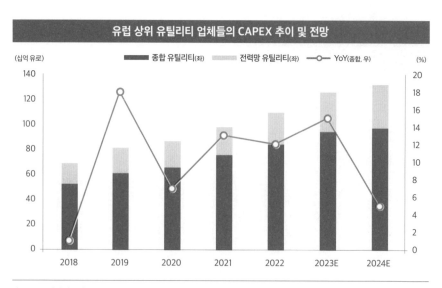

유럽 상위 유틸리티 업체들의 CAPEX 추이 및 전망

자료: ING, 상상인증권

가능성에 초점이 맞추어질 것이다. 이후에는 중동과 동남아의 신규 수요 증가가 함께 맞물려 글로벌 전력기기 시장이 초호황 국면에 진입할 가능성도 열려 있다고 판단한다.

미국의 공급은
늘어날 수 없을까?

글로벌 전력기기 공급 불균형은 미국으로부터 촉발될 것이다. 그렇다면 이번 호황기가 얼마나 길어질지, 혹시 예상보다 이른 수급 불균형 해소가 이루어질지는 미국의 수급 불균형 해소에 달려 있을 것이다. 그렇다면 어째서 미국은 현재 공급 불균형에 도달한 것일까? 가장 근본적인 이유는 폭발적인 수요의 증가이나, 공급의 부족 역시 미국의 공급 불균형의 주요 원인이다.

전력기기 시장은 2015년 중동의 투자 호황기가 끝난 후 침체기를 거쳤다. 이로 인해 재무구조가 좋지 않았던 중전기기사들은 사업을 축소하는 시기를 거쳤다. 미국에 있는 전력기기 업체들도 마찬가지였다. 글로벌 1티어 업체들도 다르지 않았다. 2017년 ABB는 세인트루이스 공장을 폐쇄했으며 2019

년 미쓰비시는 테네시 공장을 매각했다. 그리고 공장을 인건비가 저렴한 멕시코, 캐나다 혹은 동남아 지역으로 이전하는 과정을 거쳤다. 이로 인해 높아진 수요에도 불구하고, 미국 내 생산시설은 10년 전 대비 축소되는 상황에 이르렀다. 1티어 기업들의 미국 내 생산시설 확장 계획은 있으나, 수요에 비해 제한적인 수준의 생산시설 확대로 판단된다. 또한 변압기 품목의 생산 정상화(Ramp-Up)까지는 최소 1년 이상의 기간이 걸릴 것으로 예측됨에 따라 절대적인 생산능력 부족은 이어질 전망이다.

안정적인 생산을 위해서는 원재료를 적시에 공급받는 것 역시 중요하다. 그러나 미국 내 전력기기, 특히 변압기의 원재료 공급은 매우 부족하다. 변압기의 핵심 원재료는 방향성 전기강판(GO, Grain-Oriented Electrical Steel)이다. 미국의 방향성 전기강판 생산업체는 외국의 값싼 전기강판 수입으로 인해 AK

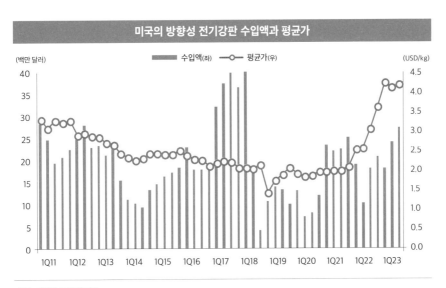

자료: USTIC, 상상인증권

스틸(AK Steel Co, 클리블랜드 클리프(Cleveland-Cliffs)가 2020년 인수)라는 업체만 남은 상태이다. 동시에 제조 방식이 비슷한 무방향성 전기강판(NGO, Non-Grain-Oriented Electrical Steel)은 전기차의 주요 원재료로 방향성 전기강판에 내한 생산능력 증설은 향후에도 제한적일 것으로 예상되고 있다. 동시에 생산능력 보호를 위한 전기강판에 적용되는 덤핑 관세(평균 25%)도 문제를 악화시키고 있다.

또 다른 문제는 인력의 부족이다. 현재 미국 전력기기 시장에서 가장 큰 수급 불균형을 보이는 품목은 변압기다. 변압기는 생산의 자동화가 불가능하기에 인력의 숙련도가 생산 효율성에 지대한 영향을 미치게 된다. 그러나 변압기 산업은 소위 말하는 3D 업종에 해당하고, 전문 교육기관이 없기에 업체들은 숙련된 인력을 구하는 데 어려움을 겪는 중이다. 이를 해결하기 위해

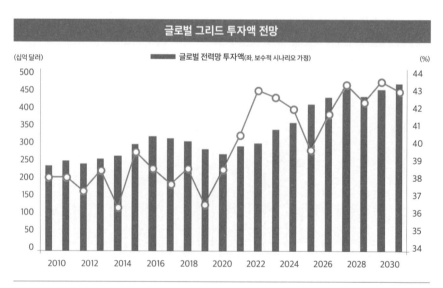

자료: BNEF, 상상인증권

제2부 투자의 흐름이 보이는 2024년 핵심 산업과 기업 분석

변압기 산업계는 미국의 에너지부(DOE, Department Of Energy)에 임금 보조금과 인력 교육 프로그램을 요청한 상태이다.

이미 미국의 배전 변압기 리드타임(제품 수주로부터 제작 후 고객사에게 인도되는 시간)은 2020년 약 3개월에 불가했으나, 2023년 초에는 평균 1년, 3분기에는 1년 이상으로 대폭 늘어난 것으로 집계된다. 향후 제한적인 공급의 원인이 단기간 내 해결이 불가능한 영역으로 판단되어 리드타임은 더욱 늘어날 것으로 예상된다. 2024년에도 전력기기 사이클의 진앙지인 미국 시장의 호황은 더욱 강해질 것이다. 이에 따라 2024년은 미국을 넘어 유럽까지 본격적인 글로벌 사이클의 시작을 알리는 첫해가 될 것으로 기대한다.

기업 분석

HD현대일렉트릭

현재 사이클에 가장 큰 수혜를 받을 수 있는 기업의 조건은 무엇일까? ① 현재 수급 불균형이 발생하고 있는 품목이 주요 제품이거나, ② 전력망 투자 수요가 높은 지역으로 높은 노출도를 가지고 있는 기업일 것이다. HD현대일렉트릭은 이러한 조건에 완벽히 부합하는 기업이다.

| 수급 불균형 품목인 중대형 변압기에 대한 높은 노출도

HD현대일렉트릭의 전력기기 사업은 1978년 현대중공업의 중전기 사업 본부로부터 시작되었다. 2022년 매출 비중은 전력기기 50%와 회전기기(발전기, 전기모터) 20%, 배전기기(배전반) 등 30%로 구성돼 있다. 전력기기 사업부의 주요 제품이 중대형 변압기로 전력기기 중 70~80%의 비중을 차지해 수급 불균형 품목인 중대형 변압기의 비중이 매우 높다.

| 북미향 수주 확대에 따른 수익성 점진적 향상

2022년 기준 지역별 매출 구성은 북미 20%, 아시아(중동 포함) 25%, 한국이 40%를 차지하고 있다. 국내 전력기기 주요 상장사 중 가장 높은 수출 비중을 가지고 있으며, 수급 불균형이 심화된 북미 지역의 매출 비중 역시 가장 높다. 2023년 상반기 지역별 신규 수주는 해외가 80% 이상으로 북미로부터 46%의 물량을 수주 받았다. 이에 따라 높은 수익성이 기대되는 북미 지역향 매출 비중이 늘어나며 전체적인 수익성이 상승할 것으로 예상된다.

| 생산능력 지속 확대에 따른 지속 성장 기조

회사에서 한 가지 더 주목해야 할 점은 늘어나는 수주와 확실한 생산능

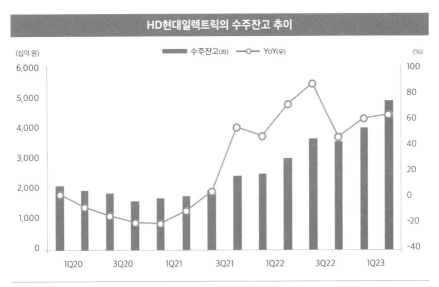

자료: HD현대일렉트릭, 상상인증권

력의 확보이다. 회사의 2023년 상반기 기준 수주잔고는 4.8조 원으로 전년 대비 63.1% 증가했다. 미국 앨리베미에 위치한 생산법인은 2019년 증설을 통해 기존 대비 50% 생산능력 증설이 진행되었다. 또한 이번 사이클에 수혜를 위해 울산 공장과 미국 앨라배마 생산법인에 추가적인 생산능력 증설이 예정돼 있다. 2024년은 판가와 생산량이 동시에 증가하며 실적 성장이 지속될 전망이다.

효성중공업

변압기 수급 불균형은 미국으로부터 시작되어 유럽으로 퍼져갈 것으로 전망된다. 효성중공업은 타사 대비 높은 유럽향 노출도를 보유하고 있어 최대 수혜 기업이 될 것으로 기대된다. 동시에 주요 품목인 대형 변압기 외에도 고압 차단기의 해외 진출이 일어나며 향후 성장을 지속적으로 기대할 수 있는 회사이다.

| 높아질 유럽향 노출도

효성중공업은 1962년 한영공업주식회사가 모태가 되어 오래된 업력을 가지고 있다. 2023년 상반기 기준 매출 구성은 중공업(전력기기 등) 부문 60%, 건설 부문 40%로 구성돼 있다. 효성중공업의 2023년 상반기 기준 지역별 매출 비중은 국내 50%, 아시아 30%, 북미 15%, 유럽 7%이다. 아직 매출에서 차지하는 비중은 낮으나 2023년 3분기 수주에서 유럽 지역의 비중은 25%로 대폭 상승했다. 현재 CEO가 유럽 내 강한 네트워크를 가지고 있다는 점과 유럽의 강해질 전력기기 수요를 고려해본다면 향후 유럽에 대한 노출도는 더욱 높아지며, 많은 수혜를 받을 수 있을 것으로 기대된다.

┃ 신규 아이템 진출과 안정적인 건설사업부

중공업 사업부 주요 아이템은 고압변압기와 차단기다. 2022년까지 고압변압기 수출이 주로 발생했으나, 차단기의 수출은 거의 발생하지 않았다. 그러나 2023년을 기점으로 고압차단기 수출이 이루어지고 있다. 고압차단기의 높은 수익성과 지속적인 판가 상승이 이루어지고 있음을 고려해본다면 해당 품목의 해외 진출에 따른 수익성 상승 효과가 두드러질 수 있다고 전망된다. 동시에 40%의 비중을 차지하는 건설사업부는 리스크가 적은 시공사업만을

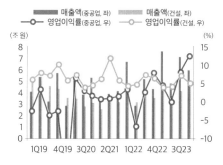

효성중공업의 사업 부문별 실적 추이

자료: 효성중공업, 상상인증권

효성중공업 건설 부문의 효성 해링턴 플레이스

자료: 효성중공업, 상상인증권

영위하고, 4조 원 규모의 수주잔고로 인해 2025년까지 현재 실적 규모가 유지될 것으로 예상된다.

제룡전기

이번 전력기기 사이클에서는 전기차를 필두로 발생하는 전기화로 인해 배전망의 투자 수요가 어느 때보다 높을 것이라고 전망된다. 그렇다면 어떤 기업들이 수혜를 입을 수 있을까? 배전 부문에 대한 높은 노출도를 가진 업체이면 좋을 것이고, 수급 불균형이 극심한 변압기 노출도가 높은 업체라면 더욱 좋을 것이다. 제룡전기는 이러한 조건에 부합하는 기업이다.

| 미국으로 가는 배전 변압기

제룡전기는 1986년부터 전력기기 사업을 영위하고 있는 배전 변압기 전문 제조업체이다. 차단기, 개폐기 등의 품목도 있으나, 배전 변압기가 100%의 매출 비중을 가지고 있다. 따라서 미국의 배전 변압기 수급 불균형에 가장 큰 수혜를 받고 있는 업체이다. 2019년까지 해외 비중이 5%에 불과했으나, 2021년 AEP로부터 763억 원에 달하는 대형 수주를 시작으로 미국의 로컬 업체로부터 폭발적인 수주를 받았다. 이로 인해 2023년 반기 누적 수출 비중은 86%에 달하며, 현재 수주잔고 역시 미국의 로컬 유틸리티로부터 받은 수익성 좋은 수주가 쌓여 있다. 이번 사이클이 배전망 투자 수요가 매우 높을 것을 고려한다면, 회사가 현재 장기 성장의 초입부에 있는 것으로 판단한다.

| 국내 No.1 친환경 변압기 생산업체

글로벌 에너지 전환에서 두 가지 길을 찾을 수 있다. 수요의 전기화와 에너지 효율화이다. 변압기에도 이러한 흐름이 다가왔다. 아몰퍼스 변압기는 비싼 가격과 제한된 원재료 공급 능력으로 기존의 규소강판(방향성 전기강판) 변압기에 비해 채택률이 적었다. 그러나 주요 국가들은 높은 에너지 효율성을 가진 아몰퍼스 변압기를 차세대 변압기로 점찍었다. 이미 2022년 중국의 배전 변압기 입찰에서 30%의 물량을 아몰퍼스 변압기가 배정되었으며, 미국의 에너지부에서는 변압기의 에너지 효율성 표준을 높여 아몰퍼스 변압기의 채택률을 높이려는 시도가 있었다. 제룡전기는 이러한 변화에 가장 잘 적응할 수 있는 업체이다. 아몰퍼스 변압기를 가장 먼저 개발한 국내 업체이다. 이러한 기술력으로 이미 아몰퍼스 변압기 수출을 진행하며 선제적인 레퍼런스를 쌓고 있다.

제룡전기의 아몰퍼스 변압기

자료: 제룡전기, 상상인증권

미국의 배전용 변압기 수입 추이

자료: 제룡전기, 상상인증권

제6장

플랫폼

생성형 AI가 만드는
그레이트 레볼루션

최승호 책임연구원

플랫폼도
재정의가 필요하다

2년 전 플랫폼 산업의 차세대 기술로 각광받던 것은 '메타버스'와 '블록체인'이었다. 메타버스와 다소 무관해 보이는 기업들도 사업내용에 메타버스, 블록체인을 추가하는 등 사회 전반적으로 열풍이 불었다. 그러나 수익화와 상용화 시기 등의 문제로 이러한 메타버스 광풍은 오래가지 못했다. 메타버스 테마주들은 대부분 제자리 혹은 그 밑으로 회귀했다. 그러다 보니 주요 글로벌·국내 소프트웨어 기업의 IR 자료에서도 '메타버스'라는 키워드는 쏙 들어갔다. 그 자리를 최근에는 AI가 대체하고 있다.

필자는 메타버스가 거품이며, 메타버스의 시대는 오지 않는다는 것을 강조하려는 것이 아니다. 그러나 흔히 말하는 고차원의 메타버스(VR/AR을 통한 가상현실)를 구축하기 위해서는 많은 혁신이 필요하다. 우선 ① 디바이스의

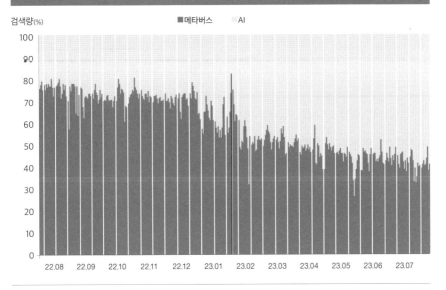

메타버스 vs 생성형 AI 검색어 트렌드

검색량(%)　　　　　　■메타버스　　AI

자료: NAVER, 상상인증권

초경량화를 위한 신소재가 필요하고, ② 저전력의 GPU/CPU가 필요하며, ③ 생태계를 생동감 넘치게 개발하기 위해 고도의 AI 또한 요구된다.

결국 최근의 핫 키워드인 '초전도체'도, '생성형 AI'도 넓은 의미에서 보면 메타버스를 구성하기 위한 하나의 부품일 뿐이다. 그러나 생성형 AI는 그중 유일하게 실제로 상용화되고 있다. 메타버스를 구성하기 위한 다른 요소들이 수익화는커녕 상용화에도 어려움을 겪고 있는 상황에, AI는 상용화되어 실제 수익화까지 이루고 있다는 점이 뜻깊다.

| 높은 유저 베이스로 확장하며 새로움을 추구하는 디지털 공간
= 디지털 플랫폼

디지털 플랫폼은 일반적으로 인터넷에서 유저 간 상호작용 및 거래를 제공하는 공간을 말한다. 다소 불분명한 정의 때문에 어떤 사업을 영위하는 회사가 진정한 플랫폼 기업인지에 대한 사회적 합의가 부족하다. 서비스 자체를 디지털 플랫폼이라 명명하는 것은 문제가 없으나, 이는 투자 관점에서 보면 투자자에게 혼돈을 줄 수 있다. 플랫폼 기업들은 높은 유저 베이스를 기반으로 고성장을 기대할 수 있고, 이로 인해 밸류에이션을 타 기업 대비 높게 받기 때문이다. 따라서 적어도 투자 관점에서는 플랫폼의 정의를 다시 명확히 할 필요가 있다.

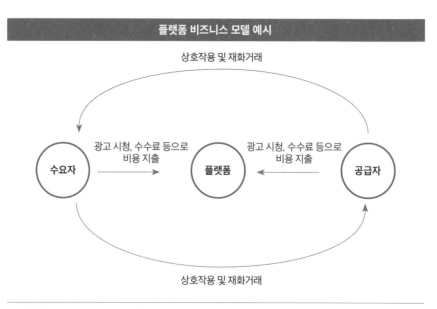

자료: 상상인증권

필자는 플랫폼을 앞서 말한 일반적 정의(유저 간 상호작용 및 거래를 제공하는 공간)에 더해, ① 높은 유저베이스를 가진 메인 서비스 기반으로, ② 메인 서비스 위로도 다양한 서비스를 영위할 수 있는 확장성이 높으며, ③ AI 등 신기술에 따라 성장성이 크게 보이는 사업체로 정의한다. 가장 이해가 쉬운 예시가 카카오와 네이버다. 카카오는 MAU 4,000만 명의 높은 유저 베이스를 가진 카카오톡 메인 서비스를 바탕으로 카카오T, 카카오 선물하기 등으로 확장에 성공했다. 여기에 AI를 도입해 서비스의 풍성함을 늘리려 하고 있다. 네이버 또한 하이퍼클로바X 등으로 생태계 확장을 노린다.

| 초대형 플랫폼: 광고와 커머스 모두 둔화 지속될 것으로 전망

초대형 플랫폼(네이버, 카카오) 매출 구성의 대부분이 광고와 커머스다. 그나마 글로벌에 비해서는 비중이 낮다. 2022년 구글, 메타의 광고 매출 비중이 80%를 상회하는 데 반해 네이버와 카카오는 각각 49%, 18% 수준으로 상대적으로 사업이 다각화돼 있다.

문제는 국내에서 주된 사업인 광고와 커머스가 모두 시장이 약세라는 점이다. 광고 같은 경우 경기 불황으로 광고 집행 규모 자체가 줄어들면서 견조한 성장률이 둔화되었고, 커머스는 시장의 자체적인 둔화에 더해 알리익스프레스, 쿠팡과 같은 신규 주자들이 붙으면서 네이버와 카카오의 자리를 위협하고 있는 상황이다.

대기업 비용 기조를 보면, 하반기 커머스·광고 시장도 기대하기 어렵다. 국내 광고 집행에 있어 큰 축인 삼성전자가 최근 실적 발표에서 비용 감축을 논의하고 있으며, 이커머스 전체 시장 결제액의 성장이 둔화되고 있다. 과거 이커머스 결제액은 20%를 상회하는 성장을 보였으나, 현재는 10% 밑으로 성장률이 둔화된 상황이다.

플랫폼:
결국 화두는 신사업과 해외

이처럼 국내 내수시장이 둔화된다면 결국 성장전략은 두가지로 귀결된다. ① 새로운 사업을 시도하거나, ② 해외로 눈을 돌리거나.

인터넷이 등장한 지 20년, 스마트폰이 등장한 지 10년이 지나면서 전 세계적으로 디지털 플랫폼은 성숙기에 놓여 있다. 그래도 새로운 형태의 서비스(플랫폼)가 등장하지 않는 것은 아니다. 중국 바이트댄스의 '틱톡'은 숏 콘텐츠를 통해 유튜브에 이은 대세 콘텐츠 플랫폼으로 자리 잡았다.

틱톡은 사실 바이트댄스의 높은 마케팅비 지출(2021년 192억 달러 지출)과 자본력이 아니었다면 이만큼 글로벌 시장에 침투되기에는 어려웠을 것이다. 결국 한국 플랫폼 기업 입장에서는 그 정도 수준의 비용을 지출할 수 없기 때문에 완전히 새로운 형태의 플랫폼을 개발해 글로벌을 장악하는 일은 매우 어렵다고 할 수 있을 것이다.

그렇기 때문에 국내 플랫폼 기업들에게 해외 진출에 있어 가장 가능성이 높은 것은 ① 자체 콘텐츠를 기반으로 진출하거나 ② M&A를 통해 이미 글로벌 시장에 침투해 있는 플랫폼을 획득하는 방법이다.

자체 콘텐츠의 경우, K-컬처와 혼합된 형태가 가능성이 높다. 실제로 K-POP 플랫폼의 대표주자, 위버스와 디어유는 글로벌 유저의 비중이 90%에 달한다. 그 외 네이버 웹툰, 카카오 웹툰(픽코마) 등도 글로벌 시장에 유의미하게 침투돼 있는 상황이다. 특히 카카오 픽코마의 경우에는 세계 만화 시장 1위 일본을 잡으면서 연간 결제액 8,000억 원을 돌파했다.

M&A의 경우, 국내 플랫폼 기업 중 가장 많은 자금력을 동원할 수 있는 네이버와 카카오가 가능성이 있다. 그러나 두 회사 모두 비교적 최근 M&A를 단행(포쉬마크, SM엔터테인먼트)했기에 단기간 내 M&A 기대는 어려울 것으로 보인다. 다만 포쉬마크와 SM엔터테인먼트의 인수 모두 글로벌 지향적인 인수로 평가하며, 향후 기업가치에 플러스 요인으로 판단한다.

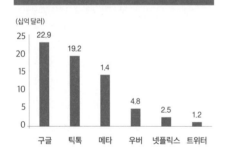

자료: 각 사, 상상인증권

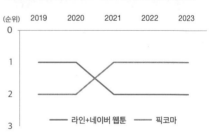

자료: APPLE, 상상인증권

그럼에도 K-플랫폼, 믿어볼 만한 이유

그럼에도 동아시아(한국, 일본, 중국, 러시아)의 플랫폼 기업에는 더 높은 밸류에이션을 적용할 수 있다고 본다. 한국(네이버), 일본(야후재팬), 중국(바이두), 러시아(얀데스)는 구글보다 점유율이 높은 자체 플랫폼을 가진 국가들이다. 그중 검색엔진까지 내재화돼 있는 국가는 한국(네이버, 카카오), 중국(바이두), 러시아(얀데스)뿐이다. 러시아와 중국의 폐쇄적인 플랫폼 규제를 감안하면, 실질적으로 검색엔진까지 내재화돼 있는 전 세계 유일한 국가는 한국뿐인 셈이다.

따라서 이들은 생성형 AI 시장에도 적극적이다. 글로벌 테크가 들어와도 이미 시장에서 지배적인 슈퍼앱, 킬러 플랫폼 없이 AI 생태계를 구축하기 어렵다는 것을 잘 알고 있다. 국내 같은 경우 네이버와 카카오가 킬러 플랫폼

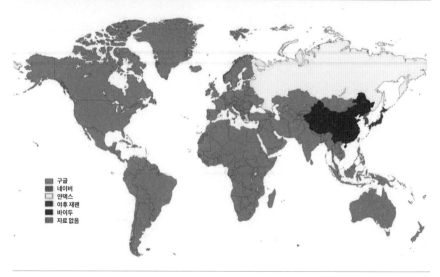

글로벌 플랫폼 점유 현황

구글
네이버
얀덱스
야후 재팬
바이두
자료 없음

자료: Mapchart, 상상인증권

기반으로 하이퍼클로바X, KoGPT2를 준비하고 있다. 중국 같은 경우에도 바이두, 텐센트, 바이트댄스 등에서 활발히 생성형 AI를 개발 중에 있고 실제 탑재까지 완료했다. 러시아는 1등 플랫폼 얀덱스에서 얀덱스 LLM을 출시했고, 일본 또한 전 세계 2위 슈퍼컴퓨터인 후가쿠(Fugaku)를 이용해 생성형 AI 개발을 준비하고 있다. 현재 AI 기술 수준은 중국-한국-러시아-일본 순으로 판단한다.

| 아시아권이 가지는 로컬 플랫폼의 장점이 있음

네이버는 여전히 크롤링에 있어 배타적인 보안을 유지하고 있다. 이로 인해 국내 로컬 관련 정보 검색에 있어서는 구글이 앞서나가기 어려운 점이 많다. 또한 인물 큐레이션, 영화 DB 등의 부분에서도 국내 플랫폼이 구축해놓은 데이터베이스를 단기간에 따라잡기 어려울 것으로 보인다. 길 찾기, 지도의 경우에도 구글 대비 국내 플랫폼이 더 정확한 정보를 전달한다. 구글이 서비스 지역을 축소하고 네이버·카카오가 서비스 권역을 늘리지 않는 이상, 한국 하나에만 집중하는 네이버·카카오의 로컬 정보 우위가 지속될 것으로 보인다.

| 전방위적인 침투가 일어나는 플랫폼은 국내가 유일하고, 경쟁력도 더 높음

전 세계 종합 포털 플랫폼 기업 중 커머스, 콘텐츠 확장까지 성공적으로 이룬 회사는 흔치 않다. 네이버의 광고 비중은 2023년 당사 추정치 기준으로

자료: NAVER, 상상인증권

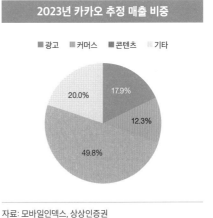

자료: 모바일인덱스, 상상인증권

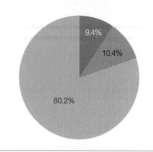

자료: Google, Bloomberg 컨센서스, 상상인증권

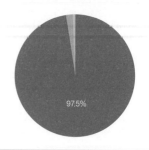

자료: META, Bloomberg 컨센서스, 상상인증권

49%, 카카오는 18% 수준으로 과반을 넘지 않는다. 반면 커머스는 각각 15%, 12%를 차지할 전망이며, 콘텐츠의 비중도 17%, 20%로 전 영역에 고르게 매출이 분포돼 있다.

| 콘텐츠, M&A, AI를 통한 해외 확장도 열려 있다

K-콘텐츠를 기반으로 한 콘텐츠 침투, M&A를 통한 우회 진출, 그리고 가능성이 높진 않지만 생성형 AI를 통한 확장이 있다.

네이버는 포쉬마크로 미국 C2C 시장에, 카카오는 엔터·픽코마로 글로벌 및 일본 시장에 침투했다. 양사 모두 웹툰이라는 콘텐츠로는 이미 유의미하게 글로벌 시장에 침투했다.

물론 한국 플랫폼의 해외 침투율은 유의미한 수준이 아니다. 2023년 상반기 기준 네이버의 해외 매출 비중은 15%에 불과하며, 카카오는 19% 수준

제2부 투자의 흐름이 보이는 2024년 핵심 산업과 기업 분석

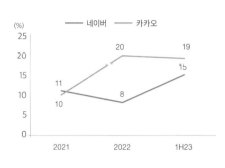

네이버·카카오 해외 매출 비중 추이

(%)

네이버 ── 카카오

2021 / 2022 / 1H23

자료: 각 사, 상상인증권

1H23 네이버·카카오 합산 해외 매출 비중

■ 국내 ■ 아시아 ■ 북미 ■ 기타

4.9% 2.5%
9.0%
83.5%

자료: 각 사, 상상인증권 추정

이다. 그러나 혹시 모를 양사 AI의 일본 서비스 시작 가능성(라인, 픽코마), 콘텐츠 기반 플랫폼 확장 고려 시에는 침투율이 향후에는 유의미한 수준까지 상승할 수 있을 것으로 판단한다.

생성형 AI 시대 개막,
이제는 수준차가 한눈에 보일 것

플랫폼 기업에게 요구되는 기술 수준이 점점 높아지고 있다. 과거에는 포털 플랫폼의 기술력에 있어 알고리즘과 같은 검색엔진이 중요했다. 초기에는 검색엔진의 모델링 구성은 머신러닝 수준에서 해결되었고, 딥러닝 수준의 복잡한 모델링은 요구되지 않았다.

그 이후 빅테크의 검색엔진 및 알고리즘은 고도화되었으나, 국내는 여전히 네이버와 다음이 검색엔진을 지배했다. 구글이 전 세계에서 가장 뛰어난 검색엔진 알고리즘을 가지고 있으나, 적어도 국내에서는 UGC 및 선점 효과 등으로 실제 사용자가 느끼는 차이는 미미했다. 실제로 보이는 서비스단에서는 글로벌 테크 기업과 국내 기업의 기술력 격차가 잘 티 나지 않았던 셈이다.

AI 구조도

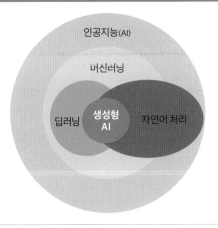

인공지능(AI)

머신러닝

딥러닝

생성형 AI

자연어 처리

자료: 상상인증권

AI 용어 설명

용어	정의
AI(인공지능)	인간의 지능을 유사하게 모방하는 컴퓨터 시스템
Machine Learning(기계학습)	컴퓨터에게 데이터 학습을 시켜 결과물을 도출
NLP(자연어 처리)	컴퓨터를 이용해 사람의 언어를 분석하고 처리
Deep Learning(심층학습)	컴퓨터가 스스로 학습, 머신러닝의 심화
Generative AI(생성형 AI)	학습 결과를 기반으로 새로운 콘텐츠(텍스트, 이미지, 영상) 생성
LLM(대규모언어모델)	큰 데이터를 학습해서 결과물 자연어를 이해·생성함
Parameter(매개변수)	모델의 사이즈를 결정 지음, 클수록 머리가 좋아진다고 보면 됨
Hallucination(환각)	생성형 AI가 그럴듯하게 거짓말을 생성하는 현상

자료: 상상인증권

자료: Stability.ai, Artbreeder, 상상인증권

그러나 앞으로는 생성형 AI의 등장으로 기술 격차가 한눈에 보일 전망이다. 기존의 알고리즘, AI 등의 테크는 백엔드에 숨겨져 눈에 잘 보이지 않았다면, 생성형 AI는 생성 결과물을 직접 소비자들이 볼 수 있기에 비교가 더 용이하다. 생성형 AI는 이용자의 요구에 따라 새로운 콘텐츠(텍스트, 이미지, 동영상)를 만들어내는 AI를 뜻한다. 넓은 의미에서 보면 시리, 빅스비와 같은 음성 비서도 생성형 AI에 속하며, 모델의 크기가 커지고 데이터 학습이 많아지는 과정에서 비약적인 발전을 거두고 있다.

생성형 AI의
빌진 흐름

AI 산업은 2017년 구글 트랜스포머 모델의 등장으로 급성장을 맞이했다. 트랜스포머 모델은 쉽게 설명하면 문장의 모든 단어 간의 관계를 동시에 파악하는 구조이다. 해당 모델의 등장으로 AI의 추론 능력은 빠르게 성장했으며, GPT, BERT와 같은 LLM들이 이를 활용해 다수 등장했다.

이후 오픈소스 및 논문 공개가 활발해지며 더 많은 기업들이 AI 개발에 몰두하기 시작했다. 최근 라마2(LLaMa2) 등의 언어모델들이 상업적 이용이 가능한 무료 오픈소스로 풀렸음을 고려하면, 앞으로는 더 많은 기업이 오픈소스 AI를 토대로 개발에 뛰어들 것으로 보인다.

물론 모델을 내 목적에 맞게 사용하기 위한 트레이닝 비용, 실제 서비스를 위한 서버 비용이 막대하기 때문에 아직 고차원 생성형 AI의 개발은 모두에게 열려 있지 않다. 그러나 일부 파라미터를 조정하거나, 버티컬 서비스를 위한 작은 모델의 개발은 지금도 어렵지 않다.

모델 성능에 있어서는 큰 파라미터(매개변수), 큰 데이터의 모델이 좋다 (Scaling Law). 그러나 기업 입장에서는 당연히 작은 모델을 통한 최적화를 목표로 할 것이며, 작은 모델의 경우에도 점차 큰 모델의 퍼포먼스와 유사해질 것으로 전망한다. 이미 구글의 경우에는 팜1.0(PaLM 1.0) → 팜2.0(PaLM 2.0) 업그레이드 과정에서 오히려 모델 사이즈(매개변수)를 축소했다.

현재 글로벌 최대 AI 플랫폼, 허깅페이스에는 이미 대형사들의 파운데이션 모델 기반으로 파인튜닝(새로운 데이터로 재학습)을 거친 모델 등이 30만 개에 달한다.

안드로이드 OS 오픈이 수많은 애플리케이션을 낳았듯이, 구글 트랜스포

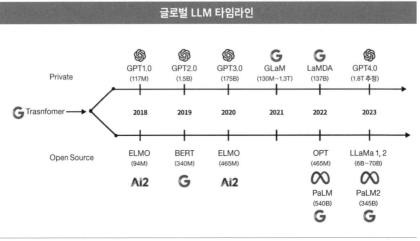

글로벌 LLM 타임라인

자료: 각 사, 상상인증권
주: 오픈AI GPT4.0 같은 경우, 유출 정보로서 추정임

머는 GPT를 낳았고, 챗GPT의 흥행은 또 무수히 많은 생성형 AI로 연결되고 있다. 최근에는 엔비디아가 생성형 AI 개발 플랫폼 '워크벤치' 출시를 계획하는 등 AI 개발 생태계는 점점 더 오픈되고, 편리해지고 있다. 오픈소스로 공유되는 과정에서 생성형 AI 모델은 더욱 더 정교화되고, 상용화될 것이다.

글로벌 생성형 AI
개발 현황

이미 강력한 자체 플랫폼을 구축한 기업들이 적극적으로 개발에 임하고 있다. B2B와 B2C 모두 활용할 가치가 높은 기업들이 개발 수요가 더 높기 때문이다. 따라서 앞으로 생성형 AI는 B2C IT 기업(삼성전자, 애플, MS 등), 디지털 플랫폼 기업(메타, 구글, 네이버, 카카오 등) 주도로 발전할 가능성이 높다고 판단한다.

MS의 경우 GPT4.0이 탑재된 채팅봇을 빙(Bing)에 탑재함과 동시에 오피스 프로그램에도 활용한다. 강력한 플랫폼(빙, MS 오피스)을 기반으로 빠르게 수익화까지 이루겠다는 목표이다.

메타의 경우에도 LLaMa2, 심리스M4T(멀티모달, 번역 강점) 개발을 완료했으며, 이를 챗봇 등 서비스로 자사 플랫폼에 탑재할 예정이다.

구글은 PALM2를 개발 완료, 현재 대화형 챗봇인 바드(BARD)에 탑재한 상황이다. 검색엔진과 생성형 AI의 결합은 아직 소수 유저를 대상으로 테스트 중에 있다.

글로벌 주요 생성형 AI 개발 현황				
기업	LLM	생성형 AI	파라미터 수/ 토큰 수	특징
오픈AI	GPT4.0	CHATGPT, BING, DALL-E 등	1,0~1.7T 추정	압도적인 모델 사이즈, 학습량
구글	PALM2	BARD	340B/3.6T	구글 BARD 챗에 활용 중, 모델 사이즈 최적화 고심
메타	LLaMa2	-	70B/2T	작은 모델로 최적의 효율을 찾는 것을 목표로 함, 추후 챗봇에 탑재 전망
아마존	AlexaTM	ALEXA	20B/1.3T	다국어 지원, 음성 비서 알렉사에 활용
블룸버그	Bloomberg GPT	Bloomberg GPT	50B/708B	블룸버그 보유 데이터와 외부 데이터를 같이 학습
얀덱스	YaLM 100B	-	100B/1TB	오픈소스, 영어와 러시아 데이터를 800대의 A100을 사용해서 학습
화웨이	Pangu	weather	1T/329B	기존 일기예보보다 더 정확한 예측을 제공
바이두	LLM Ernie	ERMIE BOT	130B	바이두 채팅에 내장돼 있음
알리바바	Qwen-7B		7B/2T	중국 첫 오픈소스 LLM
네이버	하이퍼클로바X	CLOVA X 등	미공개	한국 최초의 초대형 LLM

자료: 각 사, 상상인증권

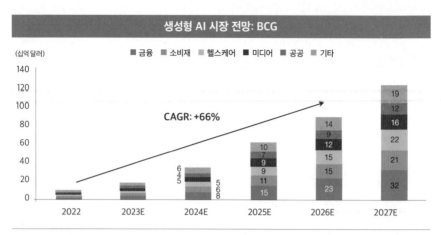

생성형 AI 시장 전망: BCG

자료: BCG, 상상인증권

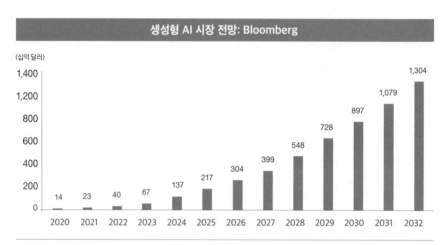

생성형 AI 시장 전망: Bloomberg

자료: Bloomberg, 상상인증권

　　　　제2부 **투자의 흐름이 보이는 2024년 핵심 산업과 기업 분석**

국내 생성형 AI 개발 현황

국내의 AI 역량은 전 세계 Top10으로 판단되며, 네이버 하이퍼클로바X 개발로 미국-중국-이스라엘에 이어 초대형 생성형 AI를 가진 네 번째 국가가 되었다. 네이버는 2023년 8월 24일 하이버클로바X를 공개했으며, 12월까지 검색형 서비스, 커머스 솔루션 등을 순차적으로 공개한다. 카카오는 4분기에 KoGPT2.0을 공개할 예정이다. 두 서비스 모두 기존 서비스에 결합되어 시너지를 내는 방향으로 개발되고 있다.

그 외 SKT, KT, LG, 삼성전자와 같은 전문 S/W 기업이 아닌 곳들도 생성형 AI 서비스 개발에 박차를 가하고 있다. 삼성전자의 경우, AI를 미래 핵심사업으로 선정하고 연내 베타테스트를 목표하고 있다. 개발, 사내 업무를 위한 B2B 모델이 표면에 드러나 있으나, 실질적으로는 B2C 모델에도 집중할 것으로 추정한다. 삼성전자는 이미 생성형 AI의 초기 단계인 빅스비(AI 비서)를 개발, 이를 갤럭시 스마트폰에 탑재해 활용해본 경험이 있다. 디바이스에 자동 탑재되는 AI 플랫폼은 스마트 디바이스의 강력한 차별점이 될 수 있다. 다만 글로벌 매출 비중이 높은 만큼 서비스는 글로벌 지향적일 가능성이 높다. 따라서 국내 플랫폼(국내 서비스에 집중)의 전략과는 크게 겹치지 않을 전망이다.

중소형 업체도 예외는 아니다. 코난테크놀로지, 솔트룩스, 업스테이지와 같은 중소형 S/W 업체들도 LLM 개발에 착수했으며, 실제 공개까지 마친 업체들도 다수다. 그 외 외부의 생성형 AI를 사용, 파인튜닝을 거쳐 활용하거나, API 호출을 통한 서비스를 기획하는 기업들도 있다. 오피스 S/W 기업 폴

기업	생성형 AI / LLM	파라미터 수	특장점
네이버	하이퍼클로바X	미공개	B2B, B2C 전부 타깃 뉴스, 네이버 블로그 학습이 장점
카카오	KoGPT2.0	60억~650억	B2C 중심, 비용 합리적이며 버티컬 성향 강함
SKT	에이닷	미공개	B2C 중심, 타사 LLM과 자사 LLM 둘 다 활용
KT	믿음	수억~수천억	B2B 중심, 자체 클라우드 사용
삼성전자	-	-	B2B, B2C 중심, 디바이스 선탑재 전망
LG	엑사원 2.0	3,000억	전문가 중심, 논문·특허학습 많음
코난테크놀로지	코난 LLM	400억	B2B 중심, 한국어 토큰 4,000억 개 학습
솔트룩스	루시아GPT	미공개	B2B, B2C 전부 타깃
엔씨소프트	Varco	미공개	B2B 중심, 게임 개발에 활용

국내 생성형 AI 개발 현황

자료: 각 사, 상상인증권

라리스오피스·한글과컴퓨터는 자사 S/W에 하이퍼클로바X(네이버), GPT(오픈 AI) 등의 API를 활용해서 서비스할 계획에 있으며, SKT는 자체 LLM을 개발하는 한편, 오픈AI의 GPT 모델을 자사 T챗에 탑재했다. 메타의 라마2 등이 무료로 상업 이용을 허가하면서, 앞으로 중소형 업체들의 파인튜닝 LLM 모델은 더욱 많아질 것으로 보인다.

한국 생성형 AI는 일상적 활용에 우위 가질 것

국내 같은 경우 전 세계에서 드물게 자체 플랫폼, 네이버·카카오를 가지고 있다. 우리는 쇼핑, 뉴스, 검색, 결제 등 대부분의 일상생활 업무를 네이버·카카오에서 해결할 수 있다. 또한 사용량 자체가 많다 보니 국내 주요 데이터의 대부분은 네이버·다음과 같은 주요 포털에 존재한다. 반면 GPT3.0의 한국어 학습은 전체 언어에서 0.02% 수준으로, 한국 관련된 질문에 데이터가 부족해 추론으로 거짓을 지어내는 경우(할루시네이션)가 다수다. 따라서 간단한 질문인 맛집 찾기, 국내 역사 등의 로컬적 성향이 강한 정보에서 큰 약점을 보인다.

웹 기반 검색이 가능해 GPT 대비 정확도 및 로컬 정보가 우월한 빙이나 바드도 네이버·다음 대비 열위를 가지기는 마찬가지다. 가령 여의도 맛집을 검색한다고 해보자. GPT 같은 경우는 할루시네이션이 일어나고, 바드와 빙은 제대로 된 정보를 검색하긴 한다. 반면 네이버 클로바X(대화형 챗봇)는 상세한 정보와 힘께 예약까지 연결된다.

네이버 클로바X: 가장 뛰어난 답변을 제공, 예약까지 가능

여의도 맛집 추천해줘

   🍴 네이버 여행

여의도에 방문하실 예정이시군요! 여의도에 있는 맛집을 추천해드리겠습니다.

1. 아이엠베이글 여의도점: 건설회사 재직중 뉴욕으로 휴가를 갔다가, 현지 베이글을 잊지 못해 직접 공부하고 오픈한 베이글 전문점입니다. 7가지 베이글과 7가지 크림치즈를 기본으로, 베이글 샌드위치, 샐러드를 제공하고 있습니다.
2. 서울로인 여의도점: 서울로인 여의도점입니다.
3. 스시젠: 예약은 캐치테이블 앱(APP)에서 받고있는 일식당입니다.
4. 도깨비굴: 미슐랭 스타 셰프의 수준 높은 음식을 제공하는 양식당입니다. 모던하고 조용한 룸이 구비되어 있어 각종 동호회, 직장인 모임, 회식 장소, 송년회, 연말 모임, 기념일 데이트 등 '우리만의 공간'에서 즐거운 모임이 가능합니다.
5. 정인면옥 본점: 휴무 없이 주 7일 영업하는 냉면 전문점입니다.
6. 을지다락 여의도: 여자친구가 좋아하는 양식 식당을 찾으신다면, 깔끔한 데이트 장소를 찾으신다면, 빌딩 안에 있어 전용 주차가 가능하며 날씨 영향이 없는, 아기자기한하고 편안한 분위기의 식당입니다.

추천드린 맛집들은 여의도에서 인기가 많은 맛집들입니다. 방문하시기 전에 미리 예약을 하시는 것을 추천드립니다.

	아이엠베이글 여의도점 브런치		서울로인 여의도점 한식
	#음식이 맛있어요 #재료가	⟳ 다른 답변 보기	#음식이 맛있어요 #특별한 날 가기 좋...
	영업 종료 · 리뷰 1,958 Ⓝ		영업 중 · 리뷰 1,785

자유롭게 대화해 보세요   ⌃

자료: Naver, 상상인증권
주: 네이버여행 스킬을 장착하지 않는 경우에는 빈약한 답변을 내놓는 경우가 있음, 스킬 장착 시에는 문제없음.

기업 분석

네이버

| 네이버는 뭐하는 기업일까?

우리가 사용하는 네이버는 보통 포털 플랫폼 사이트 '네이버'다. 그러나 사실 네이버는 단순 포털 플랫폼뿐만 아니라 핀테크, 클라우드, AI, 로봇, 콘텐츠에 이르기까지 IT S/W 산업의 전반을 커버하는 기업이다.

물론 주된 사업은 광고와 커머스다. 2022년 기준 두 사업부의 매출 비중은 65%에 달한다.

광고 매출은 네이버 플랫폼에 개시되는 디지털 광고를 통한 수익이다. 네이버는 국내에서 가장 트래픽이 많은 사이트다. 현실에 타임스퀘어 광고 디스플레이, 강남역 광고 디스플레이가 있다면, 디지털에서는 그 역할을 네이버가 하는 셈이다.

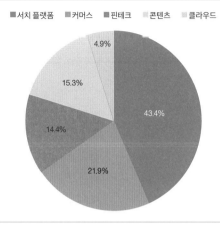

2022년 네이버 매출 비중

■ 서치 플랫폼　■ 커머스　■ 핀테크　■ 콘텐츠　■ 클라우드

- 4.9%
- 15.3%
- 14.4%
- 43.4%
- 21.9%

자료: Naver, 상상인증권

　전 세계적으로 포털 플랫폼 기업이 커머스까지 잘하는 경우는 흔치 않다. 미국만 보아도 포털은 구글, 커머스는 아마존으로 이분화돼 있다. 반면 네이버는 커머스 시장점유율 20%를 상회하며 쿠팡과 함께 이커머스의 양대 축으로 자리 잡고 있다.

　네이버 커머스의 가장 큰 장점은 역시 네이버라는 포털 플랫폼에서 나온다. 검색-구매라는 절차가 네이버 플랫폼 내에서 자연스럽게 이어지는 것이 큰 장점이다. 쿠팡 같은 기업이 자체 물류를 구성했음에도 네이버는 물류 자체는 외부 기업에게 위탁, 커머스 서비스 그 자체에만 집중하는 방향을 취하고 있다. 분기 거래액은 12조 원 수준이며, 여기에 C2C 중고거래 플랫폼, 포쉬마크(미국의 C2C 패션 중고거래 플랫폼), KREAM(스니커즈, 패션 중고거래 플랫폼)들이 가세하며 매출도 동반 성장 중에 있다.

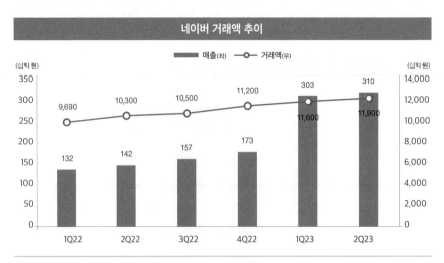

네이버 거래액 추이

자료: Naver, 상상인증권

| 향후 네이버의 미래는?

현재 네이버의 국내 검색엔진 점유율은 60% 수준으로, 구글의 약진으로 점유율이 많이 내려온 상황이다. 검색엔진 점유율은 곧 네이버 광고 매출 및 커머스 매출로 직결된다. 따라서 검색엔진 점유율을 지키면서 트래픽을 유지할 수 있는지가 향후 네이버 기업가치의 핵심이 될 것이다.

계속해서 일신된 소비자 경험을 선사하기 위해 최근 네이버는 AI에 대한 투자를 가속화하고 있다. 글로벌 플랫폼 기업들이 AI를 서비스에 녹여내는 상황에서 이에 뒤처질 수 없다는 판단하에서다. 챗GPT 이후 갑작스럽게 AI를 개발한 것은 아니다.

네이버는 국내 기업들 중 생성형 AI의 개발 진척도가 가장 높고, 오랫동안 개발해왔다. 지난 5년간 GPU 칩셋 구매금액 3,000억 원을 포함해 1조 원

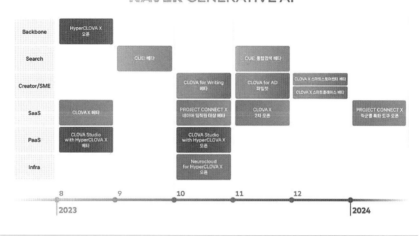

자료: NAVER, 상상인증권

의 비용을 AI 개발에 사용했으며, AI 관련 인력은 1,000명을 상회하는 것으로 추정된다.

　네이버는 2023년 8월 하이퍼클로바X를 공개 후, 현재는 통합 검색 CUE 서비스까지 AI 라인업을 공개한 상황이다. 추후에도 AI 관련 서비스를 지속 출시하며, 생성형 AI 플랫폼으로 거듭날 전망이다.

카카오

| 전 국민의 플랫폼, 카카오

카카오는 네이버와 양대 구도를 형성하는 종합 플랫폼 기업이다. 국내 플랫폼 기업 중에서 가장 다양한 사업을 영위하고 있다. SNS, 커머스, 게임, 엔터, 미디어, 핀테크, 모빌리티 등 일일이 열거하기 어려울 정도다. 대한민국 국민 중에서 카카오 서비스를 이용해보지 않은 사람은 없다. 우리의 생활 속에 카카오는 떼놓으려야 떼놓을 수 없는 존재인 셈이다.

카카오 사업의 핵심은 역시 카카오톡이다. 해당 플랫폼에서 벌어들이는 광고수익과 커머스(주로 선물하기)가 카카오의 주 수입원이다. 카카오톡은 2010년 처음 출시된 이후로 폭발적인 성장을 거두며, 국민 채팅 플랫폼으로 자리 잡았다. 다만 현재는 빠르게 성장한 만큼 추가적인 유저 확보가 어려워져 과거 대비 성장률이 둔화된 상황이다.

이러한 상황을 타개하기 위해 카카오톡은 변신 중이다. 오픈카톡 탭 업데이트, 친구 탭의 펑 시스템 도입 등으로 대화 탭 외에서도 많은 유저를 모색하기 위해 노력 중이다.

카카오톡 개편에는 생성형 AI도 활용된다. 광고주의 광고문구 작성을 도와주는 AI, 오픈카톡에서 활용되는 AI 봇 등 생성형 AI가 카카오톡 서비스를 더욱 흥미롭고 재미있게 하는데 활용될 계획이다.

카카오 매출 구성		
매출 구성		
플랫폼	톡비즈	광고형: 비즈보드, 카카오톡 채널, 이모티콘 등
		거래형: 선물하기, 톡스터어, 메이커스, 카카오프렌즈 온라인
	포털비즈	Daum PC, Mobile 카카오스토리, 스타일, 페이지 기타 자회사 광고
	플랫폼 기타	모빌리티, 페이, 엔터프라이즈 블록체인, 기타 연결종속회사 카카오프렌즈, 기타
콘텐츠	게임	모바일, PC, 기타
	뮤직	SM엔트테인인먼트, 멜론 디지털 음원 유통, 음반 유통, 음악 제작
	스토리	엔터테인먼트
		픽코마
	미디어	영상 제작, 매니지먼트

자료: 카카오, 상상인증권

│ 훼손되는 성장 공식?

카카오는 지난 10년 동안 급격한 성장을 거두었다. 카카오톡으로 시작한 카카오는 커머스, 포털(다음 인수), 콘텐츠, 음악, 모빌리티 등 다양한 서비스로 뻗어나갔다. 이 과정에서 카카오페이, 카카오게임즈, 카카오뱅크가 상장되었으며, 이에 2021년 카카오 그룹사의 전체 시가총액은 120조 원을 돌파하며 국내 상장기업 시가총액 3위에 오르는 등 국내 대표 플랫폼 기업으로 자리 매김했다. 물론 이 과정에서 문어발 확장, 쪼개기 상장이라는 비판을 듣기도

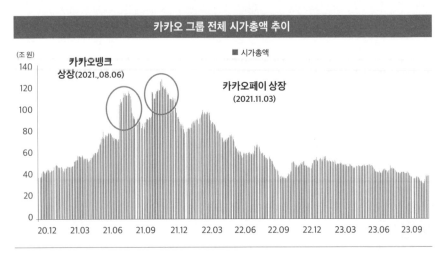

카카오 그룹 전체 시가총액 추이

■ 시가총액

(조 원)

카카오뱅크
상장(2021.,08.06)

카카오페이 상장
(2021.11.03)

자료: 카카오, 상상인증권

했다.

　2023년에는 금융시장 불황과 카카오 내부의 이슈가 겹쳐 카카오 그룹의 전체 시가총액은 40조 원 수준으로 크게 하락했다. 또한 최근 들어 M&A를 통한 확장과 쪼개기 상장 등에 대한 국내 여론이 좋지 않다. 앞으로 그동안 카카오의 성공 공식이었던 확장을 통한 성장을 기대하기는 어려울 전망이다.

　그러나 카카오의 본질은 달라지지 않았다. 여전히 회사의 성장동력은 살아 있다. 카카오가 유례없는 성장을 기록한 데에는 실제로 소비자에게 주는 편의성이 있었다. 카카오톡 콘텐츠 부문에서는 세계 1등 웹툰 플랫폼인 픽코마와 최근 인수한 SM엔터테인먼트가 해외에서의 성장 스토리를 계속해서 작성할 것으로 보인다.

　또한 최근 불거진 카카오 내부의 문제 해결을 위해 카카오 공동체 전체의 준법·윤리 경영을 감시할 외부 기구인 준법위를 개설했으며, 상대적으로 부족했던 인프라도 데이터센터를 건립하며 보완 중에 있다.

전 국민이 사용하는 플랫폼, 카카오톡은 여전히 건재하다. 최근 불거진 이슈들이 정상화되길 소망하며, 투명한 경영이 이뤄질 때 카카오의 주가도 반전을 맞이할 수 있을 것으로 판단한다.

제7장

게임

체질개선 이후의
반등에 주목하라

최승호 책임연구원

게임:
단순한 애들 장난이 아닙니다

"그렇게나 많이 벌어요?"

필자가 게임 관련 산업 세미나를 다니면서 가장 많이 받은 질문 중 하나이다. 실제로 우리가 생각하는 것 이상으로 게임 산업은 규모가 있는 시장이다.

IDC와 Data.AI의 합동조사에 따르면 글로벌 게임 산업의 규모는 258조 원에 달한다. 이 중 국내 시장은 20조 원을 상회하는 것으로 추정, 미국-중국-일본에 이어 전 세계 4위의 규모를 자랑하고 있다. 2021년 기준 국내는 모바일 게임이 전체 게임 시장 중 58%를 차지하며, 그 외 PC 27%, 콘솔게임 5%로 구성돼 있다.

전체 시장 규모가 아니라 회사로 보면 국내 상장사 엔씨소프트, 크래프

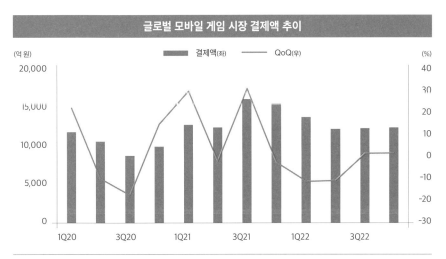

글로벌 모바일 게임 시장 결제액 추이

(억 원) 결제액(좌) QoQ(우) (%)

자료: Data.AI, 상상인증권

톤, 넷마블의 연간 매출은 2조 원 수준을 기록하고 있으며, 초대형 게임이 출시될 때 일매출은 최대 100억 원 수준을 달성한다.

국내 게임주:
지난 3년간 약세였지만
체질개선 끝나면 상승할 것

2023년 게임주는 월별로 봐도 단 한 번의 강세 없이 전체 시가총액이 21조 원에 불과하게 되었다. 최근 2년 고점 대비 70% 하락이다. 2023년 게임주는 단 한 번도 시장의 상승을 주도한 적이 없는 셈이다.

2024년 상반기까지는 실적과 모멘텀 모두 약세를 보일 것으로 추정한다. 그래도 부진한 주가와 달리 한국 게임사들의 개발 수준은 역설적으로 계속 높아지고 있다. 특히 국내 상장사가 아닌 기업들(넥슨, 스마일게이트 등)은 글로벌 시장에서 연이은 성과를 거두고 있으며, 2024년 하반기에는 상반기 대비 많은 기대작들이 공개 예정이다. 이처럼 한국 게임 개발 수준은 높아지고 있기 때문에 시장 변화(MMO 감소)에 무난히 적응하며 타 장르 및 PC·콘솔에서도 성과를 낼 수 있을 것으로 판단한다. 2024년에 매크로 환경까지 뒷받침해

준다면, 당사는 2024년 게임주가 반전의 기회를 맞이할 수 있을 것으로 판단한다.

｜ 문제는 매출 감소: 비용보다 탑라인이 더 문제

국내 게임사가 처한 가장 큰 문제는 매출 저하와 글로벌 시장 경쟁력 약화 우려다. 고정비가 문제가 되는 것도 결국 매출이 악화되었기 때문이다. 그러나 국내 게임 결제액이 계속해서 역성장을 거두고 외산 게임 침투율도 높아지며 당분간 주요 신작 출시 전까지 국내 게임사 매출 약세 흐름은 지속될 것으로 보인다. 결국 돌파구는 ① MMORPG 등의 캐시카우 게임 개발, ② PC·콘솔 등의 글로벌 타깃을 통한 매출 확대, ③ M&A, 지분투자, 퍼블리싱을 통한 포트폴리오 확장을 통한 매출 볼륨 증대다. MMORPG 개발이 단기적으로는 수익에 도움되겠으나, 장기적 수익에는 PC·콘솔 및 타 장르 개발이 주효할 것으로 판단한다.

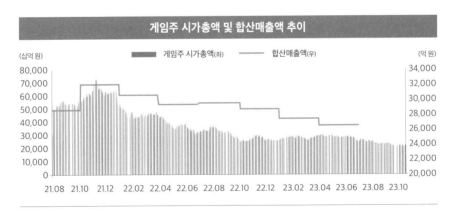

게임주 시가총액 및 합산매출액 추이

자료: 상상인증권

┃ AI 시대에서는 IP와 개발 역량이 더 중요해진다

생성형 AI의 빠른 발전은 중소형 게임의 개발을 더 용이하게 할 것이다. 캐주얼 게임과 같이 개발에 있어 진입장벽이 낮은 게임 종류들은 더욱더 치열한 경쟁에 놓일 것으로 보인다. 게임 스토리, 설정, 디자인, 코딩 등 대부분의 요소는 현재 AI로 생성할 수 있고, 실제 결과물도 나오고 있다. 앞으로 대중적인 게임의 개발은 훨씬 저렴해지고, 용이해진다.

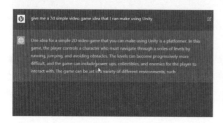

자료: Youtube USmanDev, 상상인증권

자료: Youtube USmanDev, 상상인증권

자료: Youtube USmanDev, 상상인증권

자료: Youtube USmanDev, 상상인증권

그러나 블록버스터(AAA) 시장에서는 다를 것이다. 생성형 AI가 게임 개발에 적극적으로 활용되겠지만, 그것이 게임 개발의 핵심이 될 수는 없다. AI 활용으로 잡무가 줄어들어 게임이 스케일은 더 커질 것이다. 이 과정에서 A급 인력에 대한 수요는 더 증가할 가능성이 높다. 또한 AAA 게임 시장은 글로벌 초대형사들이 경쟁하는 시장이고, 기존에 존재하지 않았던 참신한 아이디어와 아트웍을 선보이는 무대다. 지금 AI 수준의 창의성으로는 블록버스터 시장에 명함을 내밀 수 없다. 또한 AI가 발달함에 따라 개발 단계가 간소화, 게임의 스케일이 더 커지는 방향으로 이어질 것이다. 따라서 여전히 인력

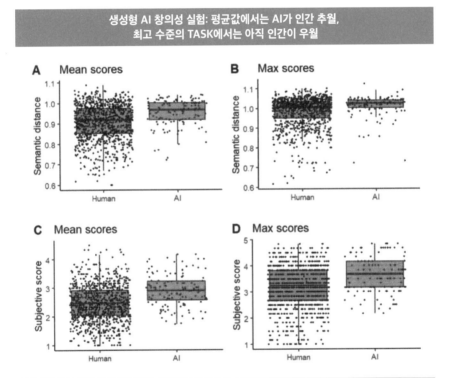

자료: ScientificReports,Turkuuniv,Bergenuniv, 상상인증권

에 대한 중요성은 높을 것이다. 따라서 생성형 AI가 인간의 창의성을 뛰어넘는 수준까지 발전하지 않는 이상, 게임 개발에 있어 생성형 AI가 인간보다 더 많은 비중을 차지하는 일은 어려울 것으로 보인다. AI로 게임 개발의 허들이 낮아지는 만큼 역설적으로 개발 역량과 IP에 대한 중요성은 더욱 높아질 것이다. 결국 국내에서도 우수한 IP를 가지고 있고, 인력에 투자하는 회사가 장기적인 방향이 좋을 것으로 판단된다.

필자는 생성형 AI가 게임 내 NPC, 환경 등에 활용되며 게임이 가상현실로 내딛는 첫걸음이 될 것으로 판단한다. 앞서 말했듯이, 기존에 제한된 인력으로 확장하지 못했던 게임의 스케일은 AI를 통해 손쉽게 확장될 것이다. 게임의 볼륨이 커지면서 게임은 더욱 재미있어지고, 현실과 유사해질 것이다. 향후 게임 산업은 가상현실과 융합되며 초고속 성장을 거둘 것으로 전망한다.

자료: Youtube USmanDev, 상상인증권

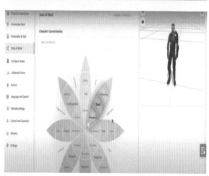

자료: ConvAI, 상상인증권

제2부 투자의 흐름이 보이는 2024년 핵심 산업과 기업 분석

| 한국 게임사가 처한 문제: 매출

게임 산업은 고정비 성격이 강하기 때문에 매출을 증대시키는 것이 가장 중요하다. 물론 비용 효율화도 중요하지만 인원 감축, 비용 절감 등은 장기적인 매출에 악영향이다. 또한 국내의 고용 환경상 미국과 같이 급진적인 감축은 기대할 수 없다. 결국 게임 산업이 처한 문제는 인원 감축이 아닌 매출 증대로 모두 해결할 수 있다.

크래프톤 상장 이후 2년간 시가총액 및 합산매출액을 비교해보면, 한국 게임사가 가장 높은 매출과 주가를 기록했던 시기는 4Q21이며, 모바일 게임 시장 결제액이 가장 높았던 시기도 해당 시기다.

| 4Q21이 좋았던 이유: 코로나와 초대형 게임들

2년 전 글로벌 게임 산업의 활황은 코로나의 영향이 컸다. 언택트 문화와 자가격리가 확산되며 당시 글로벌 게임 시장은 빠른 성장을 기록, 2021년 YoY 12% 성장했다. 시장은 이러한 고성장 흐름이 2022년, 2023년에도 이어질 것으로 내다봤으나, 글로벌 게임 시장은 2022년 역성장을 기록, 기대치를 크게 하회했다. Data.AI와 IDC의 합동조사에 따르면 2023년 글로벌 모바일 게임 시장은 YoY 2% 감소하며 역성장이 지속될 전망이다.

글로벌 모바일 게임 시장 추이: 역성장 지속 전망	국내 모바일 게임 시장 결제액 YoY 증감 추이

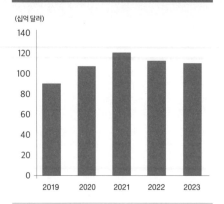

(십억 달러)

자료: IDC, Data.AI, 상상인증권

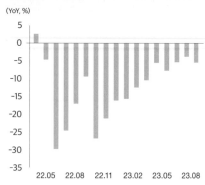

(YoY, %)

자료: 모바일인덱스, 상상인증권

MMORPG 구매력 감소가
게임 산업 부진으로 연결

당시 국내 같은 경우에는 코로나에 초대형 MMORPG까지 더해지며 더 활황을 맞이했다. 2021년 10월 당시 국내 모바일 게임 시장 RPG 매출액은 월 2,970억 원 수준으로, 6월 출시한 오딘의 매출몰이로 이미 기저효과가 높은 상황이었다. 그럼에도 국내 최고의 MMORPG IP, 리니지W가 11월 출시되며, 게임 하나만의 힘으로 11월 롤플레잉 게임 매출액은 4,096억 원으로 전월 대비 38% 증가했다.

그러나 2022년, 2023년도에는 국내 모바일 4대 게임사인 넥슨, 엔씨소프트, 넷마블, 카카오게임즈의 초대형 MMORPG 출시가 없거나 부진한 성과를 기록, 대형 MMORPG의 첫 두 달 매출 수준이 국내에서 3,000억 원에 육박했던 과거와 달리 약 70% 정도 감소한 800억 원 수준으로 급감했다. 여기

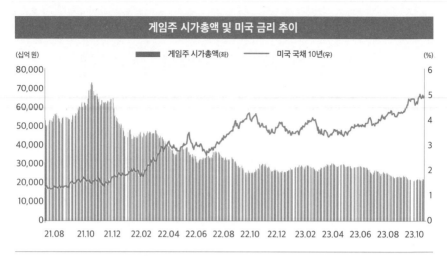

게임주 시가총액 및 미국 금리 추이

(십억 원)　　　　■ 게임주 시가총액(좌)　　── 미국 국채 10년(우)　　(%)

자료:Bloomberg, 상상인증권

에 미국채 금리가 급등하며 성장주 투심도 악화되었다. 국내 게임주 실적과 주가가 2023년 좋지 못했던 이유도 여기에 있다.

K-게임은 연이은
성공가도 달리는 중

이처럼 2023년 성과와 상장사들 실적을 보면 국내 게임은 막다른 길에 봉착한 것처럼 보인다. 그러나 국내 게임주가 약했을 뿐, 2023년 한국 게임은 그 어느 때보다 성공적으로 장르 다변화와 플랫폼 확장에 성공했다고 판단된다. 네오위즈는 국내 최초로 블록버스터 소울라이크 게임, 'P의거짓'을 출시해 출시 한 달 만에 100만 장 판매고를 올리며 성공적인 변화의 첫발을 내딛었다. 넥슨은 '데이브 더 다이브'를 출시, 200만 장의 판매고를 올렸다.

시장 기대치에는 못 미쳤지만, P의거짓의 히트는 시사하는 바가 크다. 소프트맥스 '마그나카르타' 이후 끊긴 AAA 싱글 패키지 게임의 계보를 이었고, 순수 한국 AAA 패키지 최초의 100만 장 판매에도 성공했다. 압도적으로 긍정적인 유저 평가는 덤이다. 국내 게임사들이 소프트맥스 마그나카르타 이후 AAA 패키지 콘솔 개발에 열성적이지 않았던 이유는 더 돈이 되는 시장(PC 온라인, 모바일)이 있었고 국내 패키지 PC·콘솔 시장 규모가 너무 작았기 때문이다. 그동안 안 해서 못한 거지, 하면 잘할 수 있다는 걸 네오위즈의 P의거짓이 보여주었다. 과거 대비 확연히 많은 AAA 개발 소식과 최근 콘솔 출시 게임의 긍정적인 평가가 이를 방증한다. 앞으로도 K-게임은 다양한 장르와 플랫폼에 침투하며 새로운 글로벌 시장을 타깃할 가능성이 높다.

국내 소재 회사 중 가장 성공적인 행보를 보이고 있는 넥슨은 다양한 장르, 다양한 플랫폼에서의 게임을 다수 출품했고 대부분 히트에 성공했다. 프라시아 전기(모바일 MMORPG)의 성공적인 론칭에 이어, 메이플스토리M의 중국 히트, 블루아카이브(넥슨게임즈 개발)의 일본 1위, 데이브 더 다이브까지, 게임의 전 영역에서 성공가도를 달리고 있다.

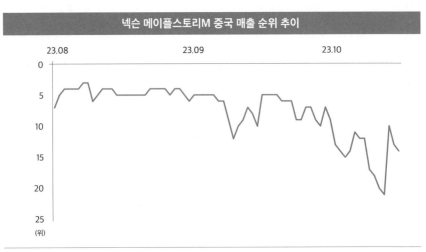

넥슨 메이플스토리M 중국 매출 순위 추이

자료: APPLE, 상상인증권

게임	연간 매출 순위	국가	장르	개발사
승리의여신 니케	7위	일본	수집형 RPG	시프트업
블루아카이브	13위	일본	수집형 RPG	넥슨게임즈
메이플스토리M	22위(8월 출시)	중국	MMORPG	넥슨
화평정영	2위	중국	배틀로얄	텐센트(크래프톤)
PUBG	32위	미국	배틀로얄	크래프톤
PUBG 인도	2위(5월 재출시)	인도	배틀로얄	크래프톤
리니지W	1위	대만	MMORPG	엔씨소프트
리니지M	3위	대만	MMORPG	엔씨소프트

자료: Google, APPLE, 상상인증권
주: 중국은 IOS 데이터, 10월까지의 합산매출액 기준

활발한 게임업계 이직을 고려하면, 이러한 변화와 성공의 DNA는 결국 국내 게임 시장 전체로 전이될 것이다. 주식으로만 보면 국내 게임 산업이 큰 위기에 봉착한 것처럼 보인다. 그러나 실제로는 PC·콘솔, 비MMORPG 장르에서 가능성을 보이며 기회가 생기고 있는 셈이다.

국내 게임사:
기존의 IP 육성 +
신규 IP 형성에 총력을 다해야

최근 필자는 치바 마쿠하리멧세에서 진행되는 2023 도쿄 게임쇼를 다녀왔다.

전반적으로 도쿄 게임쇼를 참관하고 느낀 점이라면, 일본은 대중들이 정말 캐릭터와 게임을 사랑한다는 점이었다. 연령대도 다양했고, 가족 단위 손님도 눈에 띄었다. 어렸을 때 슈퍼마리오를 즐기던 사람이 아버지가 되어 아들과 함께 슈퍼마리오 신작을 같이 즐기는 그림이 그려졌다.

일본의 캐릭터·게임 IP 파워가 얼마나 강력한지에 대해서는 두말하면 입 아픈 수준이다. 전 세계적인 인지도가 있는 포켓몬스터, 슈퍼마리오, 소닉은 물론이고, 파이널 판타지, 바이오하자드, 철권과 같은 IP도 글로벌적인 인지도가 높다. IP가 강하다는 것은 곧 캐릭터가 강하다는 것으로 연결되고, 그렇기 때문에 일본은 전 세계 최대 수준의 IP(캐릭터) 강국으로 자리매김할 수 있었다. 또한 이러한 IP는 고작 십수 년에 걸쳐 형성된 것이 아니다. 수십 년 동안 이어온 일본의 캐릭터·만화·게임 산업에 대한 고집과 지속적인 투자, 그리고 자국 내 높은 수요가 지금의 자리를 만들었다.

히트 IP 형성 후에는 나쁘게 말하면 우려먹기가 가능하다. 캡콤도 매출의 대부분을 5개의 IP, 레지던트이블, 몬스터헌터, 스트리트파이터, 역전재판, 데빌메이크라이에서 창출했다. 극단적으로 보면 한 개의 IP만 가지고 사업하는 게임 프리크(포켓몬스터 개발)도 있다.

국내도 크게 뒤지지는 않는다. 과거 대비해서 글로벌에 통할 만한 우수 IP가 다수 창출되고 있다. 게임 IP 프랜차이즈로 보면 크래프톤의 PUBG가 글로벌 톱티어(Top-tier) IP로 자리매김하고 있고, 모바일에서는 컴투스의 '서머너즈워' 프랜차이즈가 돋보인다. 캐릭터 IP는 메이플스토리, 쿠키런, 블루아카이브, 니케, 세븐나이츠 등이 상대적 인기가 높다.

IP 형성의 선결조건은 글로벌에 통할 우수한 퀄리티의 게임을 제작하는 것이다. IP 사업에 있어 상대적으로 후발주자인 국내 게임사들도 쉽지 않지만 최근 게임 개발 수준을 감안하면 불가능한 도전은 아니다. 캐릭터가 아닌 프랜차이즈 IP로 본다면, 북미 유저들의 PC·콘솔 편향도를 고려하면 프랜차이즈 IP 형성에는 PC·콘솔로의 출시가 유리하다. 글로벌 IP 형성을 위해 PC·콘솔 개발에도 힘써야 하는 이유다.

2024년 시장의 키워드: 플랫폼·장르 확장

IDC 조사에 따르면 2023년 글로벌 PC·콘솔 패키지 시장은 모바일 대비 25% 작은 830억 달러 규모로 추정된다. 국내의 경우에는 모바일 대비 PC·콘솔 시장 비중이 1/2 수준으로 더 작아 내수시장을 기대하기 어렵다. 또한 PC·콘솔에서는 전 세계 톱티어 회사들과 경쟁해서 이겨야 하기 때문에 'Hit Ratio'도 모바일 대비 낮을 수밖에 없다.

F2P(Free-to-Play)가 가능한 모바일 게임과 달리, PC·콘솔 게임은 60~70달러 수준의 초기 금액을 지출해야 하므로 판매 자체가 까다롭다. PC·콘솔 게임은 모바일 게임과 달리 게임의 퀄리티와 가성비(60~70달러 지출 대비 효용이 높은지)를 엄격하게 따지는 경향이 크다.

그럼에도 불구하고 대형사들의 PC·콘솔 개발 행보가 빨라지는 이유가 있다. 모바일 MMORPG 경쟁이 과거 대비 심화되었고, 결제액이 줄어들고 있기 때문이다.

현재 한국 시장은 모바일 게임 시장 경쟁이 심화되는 상황에서 시장 규모까지 역성장하고 있다. 현재 외산 게임 침투율은 Top30 기준 40%까지 올라온 상황으로, 지난 5개년 평균 26% 대비해서 경쟁 강도는 매우 높아진 상황이다. 여기에 스마일게이트가 로스트아크 모바일 출시를 예고했고, 중소형 개발사(위메이드 등) MMORPG 개발 역량도 대형사와 차이 없는 수준까지 올라와, 국내 모바일 MMORPG 경쟁 강도는 갈수록 심화될 수밖에 없는 구조로 흘러가고 있다.

결국 리스크 헷지 차원에서라도 변화에 유연히 대응할 수 있는 회사에 주목해야 한다. MMORPG 개발에 치중하는 것이 단기적인 수익에는 도움이 되겠으나, 장기적인 관점에서는 시장 트렌드 변화에 취약해질 우려가 있다. 또

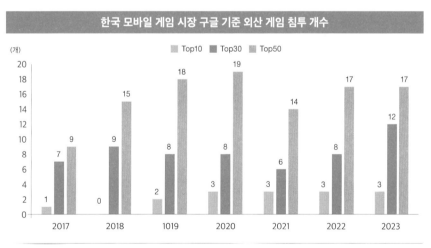

한국 모바일 게임 시장 구글 기준 외산 게임 침투 개수

자료: Google, 상상인증권
주: 2023년 1~10월 데이터

한 상대적으로 MMORPG 개발팀은 많지만, PC·콘솔 개발팀은 적다. PC·콘솔 개발 수요가 올라올 시점에 기업가치는 뒤바뀔 수 있다.

물론 비MMORPG 장르와 콘솔에서 기존 MMORPG 수준의 매출을 기대하기는 어렵다. 일본, 북미, 유럽과 달리 국내 시장은 모바일 MMORPG 점유율이 높기 때문에 글로벌 시장까지 타깃해야만 기존의 볼륨을 유지할 수 있다. 그러나 PC·콘솔 개발은 생존의 영역으로 판단된다. 단기적으로도 여전히 캐시카우는 모바일과 MMORPG에 있겠으나, PC·콘솔 게임을 개발할 수 있는 역량이 있는 회사와 그렇지 않은 회사는 향후 극명하게 갈릴 것으로 본다. 개발진이 이탈한다고 해도 회사의 IP는 그대로 남는다. 게임 산업은 과거에도 그랬지만 우수한 IP를 만드는 싸움이며, PC·콘솔의 확장은 글로벌 IP를 창출하기에 좋은 수단이다.

MMORPG 매출 급등은 아이온2에서 가능성 높음, 시장 결제액 규모 추이 주목

대한민국 게임 산업 최고의 캐시카우, MMORPG의 시장 영향은 점점 낮아지고 있다. 센서타워 조사에 따르면 2023년 국내 모바일 RPG 매출에서 MMORPG 게임이 차지하는 비중은 69% 수준으로, 과거 4개년 평균 77% 대비 낮다. 여기에 전체 모바일 시장 결제액도 YoY 9% 감소다.

이는 국내 게임의 유저 수요가 변화하고 있다고 읽을 수도 있고, MMORPG 유저의 지불 수준이 떨어졌다고 읽을 수도 있다. 이유가 무엇이든 간에 이 변화는 단기적으로 MMORPG에 의존하는 대형 게임사에게 치명적일 것으로 보인다.

대형 게임사의 매출 규모는 연간 조 단위를 형성하기 때문에 단기적으로 매출 수준을 유지하기 위해서는 결국 초대형 MMORPG의 등장이 필요하다. 최근 세븐나이츠 키우기 등 캐주얼한 장르의 게임이 오랜만에 차트에 랭크인, 일매출 10억 원 수준을 발생시키고 있는 것으로 추정된다. 매우 고무적인 성과다. 그러나 과거 국내 게임사들의 실적이 단기적으로 급등할 수 있었던 이유는 과금 강도가 강한 MMORPG의 등장이었다. 방치형 게임으로 일매출 20억 원을 달성할 수는 있지만, 100억 원을 달성할 수는 없다. 또한 상대적으로 낮은 개발장벽 때문에 경쟁이 오히려 MMORPG보다도 치열하며, 세븐나이츠라는 IP가 히트에 주효했음도 감안해야 한다.

결국 대형 게임사 기준으로 실적 증대를 통한 업황 반전을 위해서는 리니지·오딘급의 MMORPG 신작이 출시되거나, 글로벌 시장까지 타깃해 매출의 볼륨 자체를 늘려야만 한다. 물론 오딘의 사례처럼 신규 IP에서 같은 일이 일어나지 않으리라는 일은 없다. 이를 제외하고 IP 자체의 파워로만 판단한다

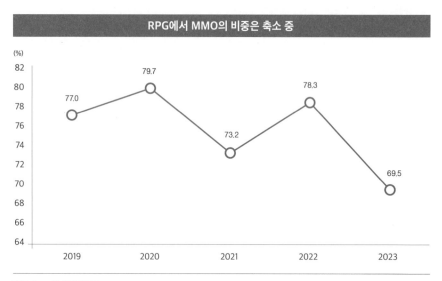

자료: Data.AI, 상상인증권

제2부 투자의 흐름이 보이는 2024년 핵심 산업과 기업 분석

면, 지금으로서는 2025년 출시 가능성이 있는 엔씨소프트의 아이온2가 반전의 키가 될 것이다.

대한민국 게임 산업 발전의 일등공신 MMORPG는 역설적이게도 동시에 국내 게임 발전을 저해하는 요인으로 꼽혀왔다. 그 이유는 ① 매출을 일부 헤비 유저에게 기대고 있어(MMORPG DAU 2만~8만 명 수준) 유저 이탈 및 트렌드 변화에 취약하고, ② 글로벌 확장 가능성이 낮고, ③ 상대적으로 과금 설계 및 서버 관리의 중요도가 높아 타 장르 개발에서의 시너지가 비교적 낮다는 점이다.

그동안 MMORPG가 가져다주는 수익은 글로벌 진출을 포기하더라도 압도적이기 때문에 국내 게임사 입장에서는 굳이 리스크를 질 필요가 없었다. MMORPG가 과거에 비해 시들하다 해도 여전히 국내 게임사들이 그동안 MMORPG를 외칠 수밖에 없었던 이유이다. 또한 상대적으로 매출 규모가 작은 중소형사(시총 2조 원 이하)들에게는 여전히 MMORPG는 매력적인 카드이다.

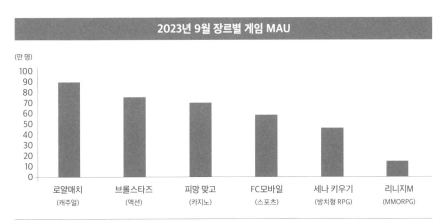

2023년 9월 장르별 게임 MAU

자료: Google, 모바일인덱스, 상상인증권
주: 구글만 계산

엔씨소프트

엔씨소프트는 한국 온라인 게임의 시조새로, 1998년도 출시한 리니지를 기반으로 모바일 게임 시대에도 성공적인 PC-모바일 컨버팅을 거쳤다. 이로써 여전히 매출 기준 국내 게임 1위(리니지M, 2017년 출시)를 지키고 있다.

엔씨소프트의 리니지는 '리니지라이크(리니지와 비슷한 게임을 뜻함)'라는 장르를 만들어냈을 정도로 국내 게임 산업에서 시사하는 바가 크다. 리니지의 기본 게임 구조는 PVP(Player vs Player)이다. 즉 경쟁 상대가 컴퓨터가 아닌 사람으로, 사람을 이기기 위해서는 컨트롤적인 요소보다는 캐릭터의 자체 스펙에 크게 의존한다.

여기서 캐릭터가 강해지기 위해서는 많은 캐시와 시간이 지출되어야 하므로 전 세계 게임 장르에서 가장 높은 ARPPU를 자랑하고 있다. 이른바 P2W(Pay to Win, 이기기 위해 돈을 지출하라)이다.

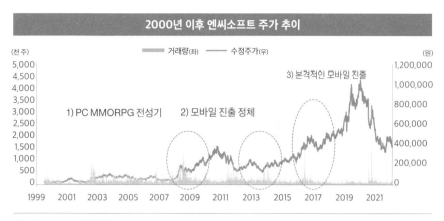

2000년 이후 엔씨소프트 주가 추이

(천 주)
5,000
4,500
4,000
3,500
3,000
2,500
2,000
1,500
1,000
500
0

거래량(좌) ── 수정주가(우)

1) PC MMORPG 전성기

2) 모바일 진출 정체

3) 본격척인 모바일 진출

(원)
1,200,000
1,000,000
800,000
600,000
400,000
200,000
0

1999 2001 2003 2005 2007 2009 2011 2013 2015 2017 2019 2021

자료: Quantiwise, 상상인증권

　　이렇듯 높은 진입장벽 덕분에 리니지는 조 단위의 돈을 벌여들였지만 많은 유저를 불러들이지는 못했다. 리니지M의 MAU는 8만 명, 그 외의 리니지W, 리니지2M은 2만~3만 명 수준으로, 이른바 하는 사람만 하는 게임이 되었다.

　　리니지가 돈이 된다는 것을 깨달은 국내 게임사들은 리니지를 카피하는데 주력하기 시작한다. 이로 인해 모바일 MMORPG 경쟁은 심화되었으며, 엔씨소프트는 절대로 내주지 않을 것 같던 모바일 게임 1위의 왕좌도 일시적으로나마 내려놓게 되었다.

　　이러한 이유 때문에 엔씨소프트도 변화를 시도하고 있다. 출시·개발 중인 신작들, PC MMORPG 장르의 TL, 루트슈터 장르의 LLL, 퍼즐 장르의 PUZZUP 등 리니지가 아닌 다른 게임 개발에도 주력, 과거 PC 리니지가 그랬듯이 새로운 국민 게임을 개발하기 위한 각고의 노력 중에 있다.

엔씨소프트의 DNA는 변화하고 있다. 리니지를 벗어나 새로운 장르에서도 성과를 거둘 수 있을지 주목해보자.

크래프톤

외국 게임사의 전유물이었던 PC·콘솔 시장에 도전장을 내민 회사가 있었다. 블루홀스튜디오(현 크래프톤)가 그 주인공이다. 크래프톤의 배틀그라운드는 출시 후 8,000만 장의 판매고를 기록, 전 세계 유저가 즐겨하는 전 세계인의 게임으로 자리 잡는 데 성공했다.

크래프톤은 글로벌에서 돈을 벌어오는 글로벌 기업이다. 전체 매출에서 국내 매출이 차지하는 비중은 10% 수준에 불과하다. 이는 배틀그라운드의 높은 해외 인기를 방증하는데, 특히 건슈팅 장르에서 히트를 거뒀다는 것이 의미가 깊다. 전통적으로 건슈팅 장르는 북미·유럽이 강세인 장르로, 콜오브듀티, 카운터스트라이크, 배틀필드 등 글로벌적으로 유명한 슈팅 IP가 많다. 이런 기라성 같은 IP에 배틀그라운드로 어깨를 나란히 하고 있는 셈으로, K-게임의 선두주자라고 부를 만하다.

크래프톤은 그동안 게임 출시에 있어 보수적인 스텝을 밟아왔다. 신작이 출시되는 데에 비교적 시간도 걸렸고, 게임 개발 과정을 스튜디오에 일임, HQ의 개입이 없어 오히려 퀄리티적인 부분에서 아쉬움을 낳았다.

그러나 최근 출시되었던 게임들이 부진에 빠지자, 지금은 전략을 선회한 상황이다. 크래프톤은 내부 게임 스튜디오를 독립 법인으로 분리시켰다. 스튜디오의 게임 성과를 좀 더 엄격하게 관리하겠다는 뜻으로 읽히며, 이에 따라 게임의 출시도 이전보다 더 빠르게 진행 중에 있다. 2024년 2분기경 출시될 다크앤다커 모바일, 4분기 출시 예정인 인조이, 하반기 출시 예정인 블랙버짓이 출시 대기 중에 있다.

2022년 기준 크래프톤의 영업이익은 7,561억 원으로 국내 상장 게임사 중 가장 높았으며, 2023년에는 모든 상장 게임사들의 영업이익을 합친 것보다 크래프톤의 영업이익이 더 높을 것으로 추정된다. 단단한 실적을 보유 중이기 때문에 추후 출시될 신작의 퀄리티에 주목하며 접근하는 것을 추천한다.

2021년 이후 크래프톤 주가 추이

자료: 상상인증권

제8장

수소

기후변화 시대,
수소일 수밖에 없는 이유

이준호 연구원

왜 수소여야
할까?

2016년 프랑스 파리에서 열린 유엔기후변화협약은 '지구 평균온도 상승을 2도 이하로 억제하고, 1.5도를 넘지 않도록 노력하는 것'을 주제로 개최되었다. 해당 논의로 '파리협정' 합의안이 체결되었으나 파리협정이 기후변화에 있어 확실한 성과를 보여주지는 못했다. 이후 세계 각국의 온실가스 감축을 위한 노력은 지속되었고, 한국은 2020년 2월 4일 세계 최초로 수소법을 제정했다. 정식 명칭은 '수소경제 육성 및 수소 안전관리에 관한 법률'로 수소 전문기업 확인 제도, 수소충전소의 수소 판매가격 보고 제도, 수소충전소 및 연료전지 설치 및 요청 제도, 수소특화단지 지정 내용이 포함되었다. 이후 2020년 10월 28일 '2050 탄소중립 선언'이 발표되었는데 해당 선언은 온실가스 순배출량을 '0'에 수렴하는, 넷제로(Net-Zero) 내용을 담고

2050 탄소중립 시나리오 요약	
산업 부문	**농축수산 부문**

· 철강 공정에서의 수소환원제철 방식을 도입
· 시멘트·석유·화학·정유 과정에 투입되는 화석
  연·원료를 재생 연·원료로 전환
	· 화학비료 저감, 영농법 개선은 전탄소·무탄소
	  이신 보급 등을 통해 농경지와 +신입 현깅에시
	  의 온실가스 발생을 최소화
	· 가축 분뇨 자원순환 등을 통해 전탄소 가축 관리

건물·수송 부문	**기타**

· 건축물의 에너지 효율을 향상(제로 에너지 건축물,
  그린 리모델링 등)
· 무공해차 보급을 최소 85% 이상으로 확대
· 대중교통 및 개인 모빌리티 이용을 확대
· 친환경 해운으로 전환
	· 폐기물 감량, 청정에너지원으로 수전해수소(그린
	  수소) 활용 확대
	· 산림, 해양, 하천 등 흡수원 조성
	· 이산화탄소 포집 침 저장·활용(CCUS) 기술 상용
	  화 등

자료: 상상인증권, 한국에너지기술연구원 기술정책 플랫폼

있었다.

수소법 제정과 탄소중립 선언 이후, 수소경제를 이행하기 위한 기본 계획으로 법정 계획이 수립되었다. 해당 계획은 국내외 청정 수소 생산 주도, 빈틈없는 인프라 구축, 모든 일상에서의 수소 활용, 생태계 기반 강화 총 4개의 중점 추진 전략으로 구성되었다.

세계 각국이 파리협정을 맺고, 탄소세를 부과하는 등 탄소 배출을 감소하는 노력을 기울였으나, 여전히 화석연료 사용 비중은 높은 수치를 나타내고 있다. 상용화된 에너지원 중 화석연료를 대체할 수 있는 에너지원이 존재하지 않기 때문이다. 이는 탄소를 배출하지 않으며, 화석연료가 지닌 특성만 만족한다면 화석연료 대신 에너지원으로 사용이 가능함을 의미한다. 화석연료는 과거 생물 잔해에 의해 생성된 에너지원으로, 대표적으로 석탄·석유·천연가스 등이 존재한다. 화석연료의 대표적인 특징은 다음과 같다.

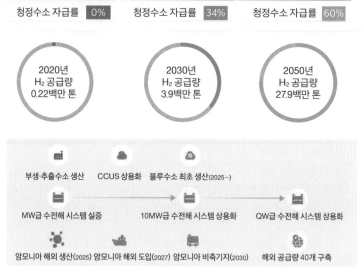

자료: 상상인증권, 산업통상자원부

┃ 화석연료의 특징 1: 비교적 쉬운 저장과 운반

에너지는 특정 시점에만 필요한 것이 아니기 때문에 언제든 필요하고, 언제든 생성할 수 있어야 한다. 만약 에너지원을 저장할 수 없다면 에너지를 미리 생산 후 저장하면 되지만, 에너지저장장치(ESS, Energy Storage System)가 필요하다는 문제점이 있다. 대한민국의 2050년 재생에너지 발전 비중이 61.9%(발전량 769.3TWh)이고, 필요한 에너지 저장량 100%를 ESS로 충당했을 때 소요되는 비용은 1,248조 원으로 추정된다. 연간 에너지 저장량은 19만 7,000GWh이며 이를 위한 345kV 변전소는 1만 개가 필요하기 때문이다.

| 화석연료의 특징 2: 제약조건이 낮은 생산

화석연료는 지하에서 자연적으로 형성되는 에너지원이기 때문에 생산보다는 추출이라는 단어가 맞으나, 이외의 에너지원은(태양광, 풍력) 에너지를 생산해내야 한다. 따라서 에너지원이 에너지로 변환되어 온전한 가치를 이루기까지의 과정인 생산과 추출의 의미를 동일하게 바라본다면, 화석연료는 추출해내기만 하면 되므로 타 에너지원과 비교해 제약조건이 낮은 편이다.

태양광과 풍력에너지 생산 근간에는 태양광과 바람이 필요하다. 일례로 태양광에너지 발전이 이루어지려면 태양광이 존재하는 특정 시간대에서만 가능하다. 풍력 역시 바람이 부는 시기에만 발전이 가능하다. 이는 외부 요인으로 인해 불규칙적인 발전을 할 수밖에 없다는 것을 의미한다.

앞서 언급한 두 가지 화석연료 조건에 탄소중립 달성을 위한 조건(생산 시 탄소가 배출되지 않음)을 추가하면, 해당 조건을 모두 만족하는 신재생에너지는 원자력에너지와 수소에너지가 존재한다.

원자력과 수소 모두 에너지 생산에 있어 탄소를 배출하지 않고, 화석연료를 대체할 수 있는 특징을 지닌 것은 분명하다. 원자력에너지 생산의 기초가 되는 우라늄은 저장과 운반이 가능하다. 그뿐만 아니라 발전소만 존재한다면 태양광 및 풍력과 다르게 지속적인 에너지 생산도 가능하다. 하지만 수소에 비해 적용처를 확대하기 어렵고, 부산물로 방사성 폐기물이 배출되기 때문에 친환경의 관점에서는 원자력에너지가 궁극적인 정답은 아니다.

밸류체인에 기반한 수소경제

지금까지 탄소중립 달성을 위한 신재생에너지로 수소가 선택되어야 하는 이유에 대해 설명했다. 이번 절에서는 에너지로서의 수소의 전반적인 특징에 대해 밸류체인(Value Chain)에 기반해 작성하고자 한다.

수소는 비금속원소로 원소기호 H, 원자량 1.00794g/mol, 끓는점 -252.87℃, 녹는점 -259.14℃의 성질을 가진다. 우주 질량의 75%를 차지하고 있으며, 가스나 액체로 저장이 가능하다. 수소를 냉각하여 액상으로 변환하면 부피가 1/700로 줄어든다. 이러한 수소는 생산→저장→운송→활용의 단계를 거쳐 수소경제를 이룬다.

자료: 상상인증권 재가공, 삼정KPMG 경제연구원

| 수소의 생산

수소는 생산방식에 따라 대표적으로 그레이수소(부생수소, 추출수소), 블루수소(청색수소), 그린수소(녹색수소)로 구분된다. 각 수소별 생산방식과 특징을 정리하면 다음과 같다.

그레이수소(추출수소): 천연가스의 주성분인 메탄과 수증기를 화학반응시켜 수소를 추출하는 개질 방식. $CH_4 + 2H_2O \rightarrow CO_2 + 4H_2$의 화학식이 적용되며 수소 생산과정 중 이산화탄소가 가장 많이 발생한다.

블루수소(청색수소): 수소경제 밸류체인에서도 볼 수 있듯이, 블루수소와 그레이수소의 생산방식은 동일하다. 하지만 이산화탄소 포집 및 저장 기술을 활용해 그레이수소와 비교해 이산화탄소 배출이 적다는 특징이 있다. 경제, 환경적인 측면에서 그린수소와 그레이수소보다 효율적이기 때문에 수소경제

내에서 유망한 것으로 알려져 있으나, 이산화탄소를 배출한다는 점에서 탄소중립을 달성하기에 적절하지 않다.

그린수소(녹색수소): 재생에너지에서 생산된 전기로 수전해 방식($2H_2O \rightarrow 2H_2 + O_2$)을 통해 생산한 수소다. 화학식에서 볼 수 있듯 탄소(C) 배출이 없다는 점이 특징이고, 이로 인해 탄소중립 달성에 가장 가까워질 수 있는 수소로 평가받고 있다.

IRENA에 따르면 2021년을 기준으로 전 세계 수소 생산량의 47%는 천연가스, 27%는 석탄, 22%는 석유로부터 발생하며 전기분해로부터 발생하는 수소는(그린수소) 4%에 불과하다. 1.5℃ 시나리오 달성을 위해 4~5TW 용량의 탄소 배출 없는 수소가 필요한데, 이를 고려했을 때 4%의 그린수소는 상당히 부족한 생산량이다.

수소 생산방식별 특징		
구분	**에너지원**	**특징**
그레이수소	화석연료(천연가스, 석탄)	대량생산 가능 ↓ 저렴한 생산 원가 ↓ CO_2 발생 많음
블루수소	화석연료(천연가스, 석탄)	CO_2 발생 적음 ↓ 포집된 CO_2의 활용 필요
그린수소	재생에너지	CO_2 발생 없음 ↓ 높은 생산 원가 ↓ 지역적 제한

자료: 상상인증권 재가공, KISTEP 기술동향 브리프, 한국수소연료전지산업협회

국내 청정수소 생산 목표량은 2030년 100만 톤(그린수소 25만 ton + 블루수소 75만 ton), 2050년 500만 톤(그린수소 300만 ton + 블루수소 200만 ton)으로 알려졌다. 차츰 그린수소의 비중을 높여가며 탄소중립을 달성하겠다는 정부의 의사를 볼 수 있는 목표량이지만, 여전히 그레이수소 비중이 높은 것이 현실이다.

| 수소의 저장과 운송

수소를 에너지로 변환하기 전 저장하는 방식은 크게 두 가지로 구분할 수 있는데, 기체·액체·고체 상태로 저장되는 방식과 화합물과 결합해 저장하는 방식(LOHC)이 있다. 후술하겠지만, 밸류체인 중 저장과 운송 부분은 현재 수소가 상용화에 어려움을 겪고 있는 주요한 이유 중 하나이다. 해당 과정은 수소의 생산에서부터 활용에 도달하기까지 많은 비용이 소요되기 때문이다.

압축 방식: 200bar 이상의 압력으로 수소를 압축하는 방식. 기존 타입 1 수소 튜브트레일러를 통해 운송했다. 타입1 수소 튜브트레일러의 경우 1회 운송 시 가능한 운송량이 300kg이었으나, 업그레이드된 버전의 타입4 수소 튜브트레일러가 개발된 후 약 1.5배 증가된 운송량으로 운송 가능하다. 다만 고압으로 수소를 저장하는 방식이기에 폭발 가능성이 있다는 점이 단점이다.

액화 방식: 수소를 영하 253°C 아래로 냉각시켜 액체로 만들어 저장하는 방식. 1~3bar 사이의 저압으로도 저장이 가능하다. 수소를 액화시키면, 부피가 기체 대비 1/800까지 줄어들고 폭발 위험도 감소해 약 10배 높은 운송 효율을 낼 수 있다. 하지만 수소를 특정 온도 이하로 유지해야 한다는 점에서 많은 에너지를 소모하게 되고, 지속적인 수소의 증발이 효율을 감소시킨다는

것이 단점이다.

고체 방식: 대표적인 고체수소 저장 방식에는 수소저장합금이 있다. 상온 저압에서 수소의 저장 및 방출이 가능하고 부피를 줄일 수 있다는 점에서 압축 방식과 액화 방식의 단점을 극복했으나 저장 및 방출에 긴 시간이 필요하다는 점이 단점이다.

LOHC 방식: 유기화합물을 매개 물질로 이용해 수소를 이송하는 방식. 유조선, 유조차량, 파이프라인 등의 기존 석유 운반 인프라를 사용할 수 있어 초기 투자비용이 적다는 이점이 있다. 하지만 수소화·탈수소화 시 필요한 조건이 다양해 아직 상용화 단계에 이르지 못했다.

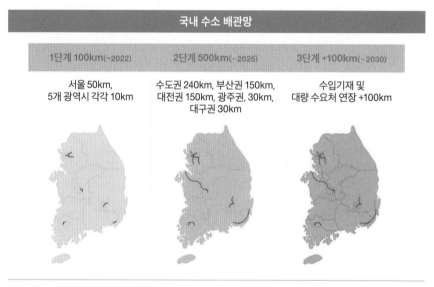

자료: 상상인증권, 한국수소연료전지산업협회

| 수소의 활용

화석연료를 대체할 수 있는 연료로 주목받는 만큼 수소는 수송용, 건물용, 발전용 등 산업 전반에서 활용 가능하다. 그뿐만 아니라 수소를 이용해 전력 생산이 가능하므로 발전과 관련된 대부분의 산업에 적용이 가능하다고 볼 수 있다. 수소를 활용하는 산업은 대표적으로 건물용 및 발전용으로 사용되는 수소연료전지와 수송용으로 사용되는 수소차가 있다.

수소연료전지의 원리는 다음과 같다. 수소연료전지는 두 개의 전극과 전해질로 이루어져 있다. 전해질은 수소 이온만이 통과할 수 있게 구성돼 있다. 한쪽 전극(수소극)에 수소를 주입하면 백금 촉매에 의해 수소 양이온과 전자로 분해되고, 이는 전해질을 통해 반대쪽 전극(공기극)으로 이동한다. 이때 전자는 외부 회로를 통해 공기극으로 이동하는데 공기극으로 이동한 수소 양이온과 전자는 산소와 결합해 물을 생성한다.

수소연료전지는 저온형 연료전지와 고온형 연료전지로 구분된다. 저온형 연료전지의 종류에는 PEMFC(고분자 전해질 연료전지), DMFC(직접 메탄올 연료전지), PAFC(인산형 연료전지)가 있고, 고온형 연료전지에는 MCFC(용융탄산염 연료전지), SOFC(고체산화물 연료전지)가 있다. 가장 상용화된 연료전지는 PEMFC로, 건물용 또는 수송용으로 사용된다. PEMFC가 통상적으로 사용되는 연료전지가 된 배경에는 낮은 작동온도와 출력효율이 있다.

출력효율의 경우 DMFC와 비교할 수 있는데, 두 연료전지 모두 50~100℃에서 작동이 가능하지만, PEMFC의 효율이 상대적으로 높다. DMFC의 경우 순수 수소가 아닌 메탄올을 사용함으로써 더 많은 양의 백금(촉매제)을 필요로 하기 때문이다.

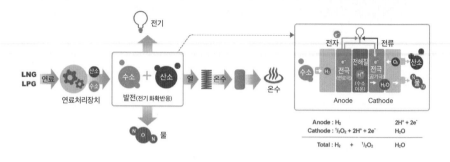

자료: 상상인증권, 두산퓨얼셀파워

낮은 작동온도의 경우 수시로 ON/OFF가 가능해 가동이 빠르다는 장점이 있다. PEMFC는 100℃ 이상에서 작동되는 PAFC(150~250℃), MCFC(550~700℃), SOFC(600~1,000℃)와 달리 50~100℃에서 작동이 가능하는 이점이 있다.

수소차의 경우 수소를 직접 연료로서 사용하는 차량이라고 생각할 수 있으나, 현재 상용화된 차량 기준으로 정확한 명칭은 수소연료전지차다. 물론 과거에는 수소 그 자체를 연료로서 사용하는 차량도 존재했다. BMW의 '하이드로젠7(Hydrogen7)'이 예시다.

하이드로젠7은 수소를 엔진에서 연소시키는 수소 내연기관이 탑재돼 있었다. 하지만 수소 내연기관은 출력과 연비의 관점에서 기존 차량의 내연기관보다 열등한 모습을 보였다. 그뿐만 아니라 수소가 기체 상태로 차량 내에서 유지될 수 없어 이를 액화시킨 액화수소를 사용했는데, 수소가 액화되기 위해서는 영하 200도 이하의 주변 환경이 필요했다. 이러한 점들을 모두 고려하지 않더라도 수소를 생산, 저장, 운송, 충전하는 과정이 모두 비용에 포함되기 때문에 수소 자체를 연료로 사용한다는 것은 불가능에 가까웠다. 이에 따라 현재의 수소차는 수소연료전지를 사용해 전기를 발생시키고, 이러한 전기를 차량의 연료로서 사용하는 수소연료전지차의 형태로 진화하게 되었다.

수소연료전지차는 수소 공급 방식에 따라 두 가지로 구분된다. 첫 번째는 압축수소탱크 또는 액체수소탱크를 이용해 수소를 공급하는 방식이고, 두 번째는 메탄올을 분해해 수소를 공급하는 방식이다. 첫 번째 방식의 경우 운행 시 부산물이 물 이외엔 존재하지 않아 친환경적이라는 장점이 있다. 하지만 수소 저장장치로서 탱크를 탑재해야 하므로 차량의 부피가 증대되고, 수소 공급 인프라 구축이 어렵다는 단점이 존재한다. 두 번째 방식의 경우 메

수소 공급 방식: 수소탱크

TPRD: 온도감응식 압력안전정치

자료: 두산모빌리티, 아르곤국립연구소 원자력공학부 프로세스모델링그룹

탄올 분해 시 일산화탄소와 질소산화물 등의 공해 요소가 발생한다는 단점이 있으나, 기존의 연료 공급 인프라를 사용할 수 있다는 장점이 있다. 수소연료전지차 작동 원리의 경우는 앞서 설명한 수소연료전지의 작동 원리와 같다.

수소는 언제
주목받게 될까?

국가별로 목표를 정하고, 기술 개발 및 에너지로서 상용화하고자 하는 노력만 보아도 수소에너지 사용에 대한 의지가 확고함을 알 수 있다. 하지만 그 의지와 다르게 수소에너지의 상용화 속도는 더딘 편이다.

전 세계를 아우르는 공통적인 문제점은 수소의 생산단가가 저렴하지 않다는 것이고, 국내의 경우는 수소 인프라의 부족도 문제점에 포함된다. 직관적으로 생각해보면 LNG(Liquid Natural Gas, 액화천연가스)는 그 자체로 연료로서 사용될 수 있다. 그럼에도 불구하고 LNG를 수소로 변경해 연료로 사용하고자 한다면 추가적인 비용이 발생하는 것은 당연하다.

국내 시장에서는 해외 시장과 달리 생산보다 활용 부문에 집중했기에 수소연료전지와 수소차 산업이 두각을 드러내고 있다. 두 산업이 두각을 드러

발전원별 세계 균등화 발전비용(2020)			
			(단위: US$/Mwh)
	최소값	중간값	최대값
원자력	42.0	68.6	101.8
석탄	70.5	91.1	128
가스복합	40.3	70.7	112.3
가정용 태양광	89.5	139.7	274.6
상업용 태양광	71.0	93.7	140.4
대규모 태양광	33.9	50.7	172.1
육상풍력	79.2	55.3	154.8
해상풍력	45.1	74.0	200.2

자료: 상상인증권, IEA

내고 있는 것은 맞지만, 실적 측면에서는 이렇다 할 성장세를 보이지 못하고 있다. 수소차의 경우 수소 생산단가의 문제가 적용되고, 수소연료전지의 경우 인프라 부족의 문제가 적용된다.

탄소중립 달성을 위해 결국 수소를 사용할 수밖에 없지만, 수소가 상용 가능한 에너지로서 주목받으려면 생산단가의 문제 해결과 인프라 확장이 필수적인 상황이다. 이러한 두 가지 문제는 그리드 패리티가 달성되는 시점에 해결될 수 있다. 그리드 패리티(Grid Parity)란 석유, 석탄, 천연가스 등을 원료로 한 화학에너지와 태양광, 풍력, 수소 등을 발전원으로 하는 재생에너지의 LCOE(균등화 발전비용)이 동일해지는 시점을 의미한다. LCOH2 내에는 투자비, 운송비, 환경비, 사회적 비용이 모두 포함된다.

탄소 배출을 넷제로로 만들고자 하는 궁극적인 의미에서 수소로 나아가야 함은 분명한데, 현시점에서 주목받고 있는 신재생에너지는 태양광에너지와 풍력에너지다. 태양광에너지와 풍력에너지는 시간별로 발전량이 다르다는 제약조건이 존재함에도 그러하다. 그 이유는 태양광에너지와 풍력에너지는 그리드 패리티를 일정 부분 달성했기 때문이다. IEA가 추산한 2020년 세계 균등화 발전비용 중간값을 기준으로 보면 석탄 91.1US$/MWh, 대규모 태양광 50.7US$/MWh, 육상풍력 55.3US$/MWh, 해상풍력 74.0US$/MWh으로 화석연료인 석탄의 균등화 발전비용보다 태양광 및 풍력의 균등화 발전비용이 낮아진 모습을 볼 수 있다.

LCOH2는 언제
그리드 패리티 달성이 가능할까?

수소의 균등화 발전비용인 LCOH2의 그리드 패리티 달성 시점을
추산하기 위해 모델을 제시하며, 모델의 가정은 다음과 같다.

⑴ 공표된 청정수소(블루수소+그린수소) 이외의 파이프라인은 추가되지 않
는다.

⑵ 수소 LCOH2의 전망 데이터 간 값이 존재하지 않는 연도는 연평균
성장률을 사용한다. 예를 들어 2020년과 2025년의 데이터가 존재하
면 그사이에 존재하는 값(2021, 2022, 2023, 2024)은 연평균 성장률을 이
용한다.

⑶ 보수적 추산을 위해 LCOH2 전망 데이터의 값 범위 중 최대값을 사

용한다.

⑷ 비교를 위한 화석연료 LCOE의 기준은 석탄을 사용한다.

⑸ 수전해설비 관련 기술력은 현재와 동일하다고 가정한다.

기존 공표된 청정수소(블루수소+그린수소) 프로젝트의 누적량 추이와 수소 LCOH2 전망치 두 데이터를 조합해 LCOH2의 그리드 패리티 달성 시점을 구하고자 한다.

수소 생산비용의 최대값을 프로젝트 누적량 추이에 산입하고 그사이 연도의 비용을 연평균 성장률을 사용해 추정하면 그린수소 생산비용의 2021~2025년, 2025~3030년, 2030~2040년 사이의 연평균 성장률은 각각 -15%, -11%, -5%이고 블루수소 생산비용의 2021~2025년, 2025~2030년, 2030~2040년 사이의 연평균 성장률은 각각 -2%, -0.2%, -0.2%이다.

각각의 생산비용을 단일화해 하나의 수소 생산비용으로 나타내기 위해 가중평균을 하는데, 전체 파이프라인 대비 수소별 파이프라인의 비중을 사용한다. 계산된 수소 생산비용은 1kg 기준으로 산정된다. 수소 1kg에 33.3khw의 에너지가 저장돼 있으므로 1,000khw를 33.3으로 나눈 값을 가중평균 수소 생산비용에 곱해주면 석탄의 LCOE와 비교할 수 있게 된다. 석탄 LCOE의 최대값인 128Mwh를 사용한다고 가정하면, 수소의 생산비용이 석탄 대비 낮아지기 시작하는 연도는 2026년으로 계산할 수 있다.

수전해설비의 발전 과정과 화석연료의 LCOE에 따라 그리드 패리티 달성 기간이 달라지겠으나, 보수적으로 현재 글로벌 수소 시장 파이프라인에 변화가 발생하지 않는다고 가정했을 때, 2026년에 그리드 패리티가 달성될

공표된 청정수소 프로젝트 누적량 추이			
연도	그린수소 파이프라인	블루수소 파이프라인	합계
2021	23,270	809,862	833,132
	35,793	809,862	845,654
	543,004	898,887	1,441,891
	1,287,823	1,635,486	2,923,309
2025	4,381,384	3,773,029	8,154,413
	7,020,631	5,339,375	12,360,006
	9,699,730	8,911,329	18,611,059
	11,044,845	9,659,696	20,704,541
	11,376,955	9,770,864	21,147,819
2030	20,991,867	11,652,678	32,644,545
	21,185,095	11,652,678	32,837,773
	24,756,574	11,652,678	36,409,252
	24,928,003	11,652,678	36,580,681
	25,099,431	11,652,678	36,752,109
2035	26,481,105	14,320,828	40,801,933
	26,481,105	14,320,828	40,801,933
	26,831,025	14,320,828	41,151,853
	26,831,025	14,320,828	41,151,853
	26,831,025	14,320,828	41,151,853
2040	27,424,517	14,320,828	41,745,345

자료: 상상인증권, BNEF

것이다.

LCOH2 추정: 1Mwh당 수소 생산비용				
연도	그린수소 단가	블루수소 단가	가중평균 수소 생산비용	1Mwh당 수소 생산비용
2021	11.8	2.9	3.1	93.1
2022	10.0	2.8	3.1	93.3
2023	8.5	2.8	4.9	147.6
2024	7.2	2.7	4.7	140.8
2025	6.1	2.7	4.5	135.5
2026	5.4	2.7	4.2	126.7
2027	4.8	2.6	3.8	113.0
2028	4.2	2.6	3.5	104.9
2029	3.8	2.6	3.2	97.2
2030	3.3	2.6	3.1	92.3
2031	3.2	2.6	3.0	89.2
2032	3.0	2.6	2.9	86.7
2033	2.9	2.6	2.8	83.7
2034	2.7	2.6	2.7	80.9
2035	2.6	2.6	2.6	78.2
2036	2.5	2.6	2.5	75.7
2037	2.4	2.6	2.4	73.3
2038	2.2	2.6	2.4	71.1
2039	2.1	2.6	2.3	68.9
2040	2.0	2.6	2.2	66.8

자료: 상상인증권, BNEF

주가에 대하여:
수소 관련주는 테마주다

현재 수소 관련주의 포지션은 테마주와 실적주 중 테마주에 가깝다고 보아야 한다. 다음 표들은 두산퓨얼셀과 비나텍(Top Picks)이 2020 1월 2일부터 2023년 10월 11일까지 전일 종가 대비 10% 이상의 상승세를 보였던 내역이다. 내역의 상당수가 이슈로 인한 테마성 상승이다. 물론 일반 및 청정수소 발전 입찰시장이 개설되는 점은 수소 관련 기업 실적에 긍정적 영향을 가져다줄 것이나, 경쟁입찰이라는 측면에서 소수의 기술적 특장점 또는 가격경쟁력을 지닌 기업만이 수혜를 받을 것이다. 2023년 장내에서 가장 뜨거운 감자 중 하나였던 2차전지 관련주를 살펴보면, 전기차(테슬라발) 본격화 가능성과 정부의 지원이 테마를 이루고 주가를 견인했다. 수소 관련주도 위의 두 가지 요소를 모두 충족해야 테마주로서 주가 상승을 꾀할 수 있다고 보인다. 호실적으로 인한 밸류에이션 부담 하락과 주가 상승은 나중의 이야기다.

두산퓨얼셀 전일 종가 대비 10% 이상 상승 내역(2020~2023)	
날짜	**이슈**
2020-02-20	외국계 증권사 첫 매수 + 수소 테마
2020-04-08	두산그룹 구조조정 자구안에 따른 매각 매물로 나올 수 있다는 기대심리 형성
2020-04-14	KT와 연료전지 사업 협력 MOU 체결
2020-05-11	두산그룹 구조조정 자구안에 따른 매각 매물로 나올 수 있다는 기대심리 형성
2020-05-26	기관 매수 + 매각 기대
2020-06-09	수소 관련주 니콜라 급등
2020-06-10	수소 관련주 니콜라 급등
2020-06-11	수소 관련주 니콜라 급등 / 매매 정지
2020-06-16	매각설
2020-06-23	매각 대상 제외 + 두산 주요 사업 기대
2020-07-13	한국판 뉴딜 종합계획 발표일 근접
2020-09-07	유상증자 발표
2020-11-24	두산인프라코어 매각 마무리 단계
2020-12-14	2050 탄소중립 선언 + 주요 기업 사업 강화
2021-01-22	블랙록 두산퓨얼셀 지분율 상승 공시
2022-05-06	국내 수소법 개정안 의결 임박으로 수소 관련주 강세
2022-08-11	미국 IRA, 국내 수소법으로 수소주 강세

자료: 상상인증권, 기사 종합

비나텍 전일 종가 대비 10% 이상 상승 내역(2020~2023)	
날짜	이슈
2020-04-21	-
2020-08-27	-
2020-09-11	코스닥 상장 공모가 확정
2020-09-25	-
2020-10-08	국토위 유료도로법 시행령 개정안 입법 예고 및 현대차 수소전기트럭 인도로 수소차 및 자율주행 테마 강세
2022-08-12	실적 발표, 매출액(+81.5% YoY), 영업이익(+563.9% YoY), 순이익(+1459.1% YoY)
2022-09-15	-
2023-04-03	-
2023-04-11	원전 중소기업 육성계획으로 전기장비 관련주 주가 상승
2023-04-21	-

자료: 상상인증권, 기사 종합

주가에 대하여: 그리드 패리티가 분기점, 그 전엔 정책을 테마 삼아 주가 상승할 것

그리드 패리티가 테마주와 실적주를 나누는 분기점이 될 것으로 전망한다. 그리드 패리티 달성 시점에 근접할수록 적자폭이 감소됨에 따라 정책 수립과 이행은 긍정적 방향으로 확대될 것이고, 주가는 이를 테마 삼아 상승세를 보일 것이다.

이후 그리드 패리티가 달성되면 시장의 기대감은 정책에 의한 테마가 아닌, 실적으로 옮겨갈 것이다. 현시점 주가가 우하향 추이를 보이고 있는 이유는 정부 정책에 드라이브(Drive)가 발현되고 있지 않기 때문이다. 정책은 수립되었으나 그에 맞게 계획이 이행되고 있지 않다. 실제로 수소충전소의 경우 2022년 약 310개소 구축이 목표였으나 실제로는 약 230개소만 구축되었다. 2022년 발생한 화물연대 파업과 러시아-우크라이나 전쟁으로 인한 물류 상황 악화도 구축 지연에 한몫했으나, 인허가 지연 및 불허 등의 문제가 크게 작용한 것으로 분석된다. 2023년의 경우 수소충전소 구축 목표는 320개소다. 하지만 2023년 8월 기준 누적 266개소밖에 구축되지 못했다.

기업 분석

두산퓨얼셀

두산퓨얼셀은 발전용 연료전지 사업을 영위한다. 주요 고객사는 공공 및 민간 발전사업자다. 2023년 2분기 기준으로 매출 비중은 연료전지 주기기 43%, 장기유지보수서비스 57%이다.

▌ 먹거리가 생겼다

신재생에너지 공급의무화제도(RPS)는 일정 규모(500MW) 이상의 발전설비를 보유한 발전사업자가 총발전량의 일정 비율 이상을 태양광, 풍력 등 신재생에너지를 사용해 전기를 생산하도록 한 제도다. 하지만 그간의 수소발전은 가격경쟁력의 부족으로 RPS 제도 내에서 이렇다 할 성과를 보이지 못했다. 이러한 점을 타개하기 위해 정부에서는 수소발전을 별도로 분리해 입찰시장을 개설했다. 수소발전 입찰시장은 일반수소발전 입찰시장과 청정수소

발전 입찰시장으로 나뉜다. 2023년에는 일반수소발전 입찰시장이 상·하반기에 각각 한 번씩 개설됐다. 두산퓨얼셀의 높은 국산화율로 인한 제조원이 절감과 순수 수소 모델로의 전환 가능성은 높은 입찰 M/S(시장점유율)를 가져갈 수 있을 것으로 분석되었는데, 실제로 상반기 일반수소발전 입찰시장 결과는 90MW 물량 중 70MW를 두산퓨얼셀이 차지하며 78%의 M/S를 기록했다. 하반기 시장 또한 동일한 물량으로 개설된다.

하반기 입찰시장의 경우 현재 이의신청 및 검토 단계에 있다. 50MW를 낙찰받아 총 120MW를 낙찰받았을 경우(상·하반기 전체 물량 180MW) 수주금액은 약 4,000억~5,000억 원으로 추정된다. 2023년 2분기 기준 2.3조 원의 수주잔고가 남아 있어 매출 인식 기간에 대한 리스크가 존재한다고 생각할 수 있으나, CHPS의 전력 구매 시기는 2025년이고 동사가 기기 인도 시점에 매출을 인식한다는 점을 고려하면 수주 후 1~2년 내로 수주분에 대한 인식

두산퓨얼셀의 수소연료전지

자료: 두산퓨얼셀, 상상인증권

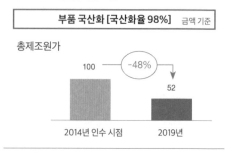

두산퓨얼셀 수소연료전지의 국산화율 및 복합효율

높은 국산화율 및 복합효율

부품 국산화 [국산화율 98%] 금액 기준

총제조원가

자료: 두산퓨얼셀, 상상인증권

이 가능할 것으로 전망한다. 기존 RPS 시장은 수소 관련 기업이 여타 기업 대비 소외받을 수밖에 없던 구조였으나 새로운 먹거리를 기반으로 안정적인 시장을 확보했다는 점에 주목한다.

비나텍

| 안정적인 본업

시장에서는 수소연료전지 부품업체로 주목을 받고 있으나, 안정적인 본업은 따로 존재한다. 해당 본업은 슈퍼커패시터로, 산업 자료에 따르면 2033년까지 CAGR 14.8%로 성장할 전망이다. 국내 슈퍼커패시터의 성장은 두 가지 시장에서 나타날 것으로 분석되는데 첫 번째는 단주기용 ESS 시장이고 두 번째는 TRAM 시장이다. 비나텍은 단주기용 ESS 내 슈퍼커패시터에 대해 한국전력공사와 4년간 연구개발 후 3년간 실증 작업에 착수했다. 2023년이 실증의 마지막 해인 점을 감안해 초도 물량 납품 시점은 2025년으로 전망한다. 그뿐만 아니라 TRAM에도 슈퍼커패시터가 적용될 예정이다. 화성시는 동탄 트램(Tram)의 전력공급 방식으로 슈퍼커패시터+배터리 혼용 방식을 채택했다. 사업자 선정은 아직인 상태이나 중형 슈퍼커패시터 시장에서 글로벌 M/S 1위를 차지하고 있는 비나텍이 수혜를 받을 가능성은 충분해 보인다.

| 수소연료전지 기술 톱티어 + 유럽 상용차 고객사 납품

수소차 원가의 약 50%는 연료전지 스택으로 이루어지고, 스택 원가의 약 50%가 MEA에 의해 결정된다. MEA가 높은 비중의 원가를 차지할 수밖에 없는 이유는 백금이 로딩되기 때문인데 백금 가격은 광물 시세에 의해 결정되기에 규모의 경제로 인한 가격 하락을 기대하기 어렵다. 비나텍은 한국에너지기술연구원으로부터 백금 사용량을 저감시켜 연료전지 단가를 30% 이상 낮출 수 있는 기술을 이전 받았다. 이러한 기술력을 기반으로 유럽 상용차 고객사와 협업이 이루어진다면 현재 남아 있는 경쟁 밴더사 중 높은 M/S를 선점할 수 있을 것으로 기대된다.

자료: 비나텍, 상상인증권

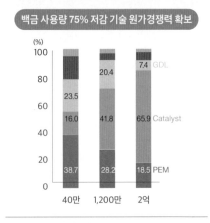

자료: 비나텍, 상상인증권

범한퓨얼셀

│　모빌리티 수소연료전지 선두주자

범한퓨얼셀은 수소연료전지 제조 및 충전소 구축 사업을 영위한다. 2023년 2분기 매출 비중은 연료전지(잠수함용, 건물용) 51.5%, 수소충전소 48.5%이다. 잠수함용 연료전지의 경우 독일 S사에 이어 세계에서 두 번째로 잠수함용으로 납품했다. 상용화된 연료전지 중 최장 잠항 기간을 지니고 있으며 현재 장보고-3에 탑재되고 있다. 2022년 매출액은 507억 원(+10% YoY), 영업이익은 13억 원(-79% YoY)을 기록했다. 환율 상승에 따른 원자재 수입단가 상승과 상장에 따른 제비용으로 일시적으로 영업이익이 감소했다. 한편 2023년 2분기 매출액은 191억 원(-17% YoY), 영업이익은 -12억 원(적자전환 YoY)을 기록했다. 수소충전소의 입찰경쟁이 심화되며 수주금액이 감소했고, 일부 잠수함용 연료전지의 납품 계약이 지연된 부분이 실적 감소의 원인이었다.

│　연료전지 사업부 고성장 전망

범한퓨얼셀의 2023년 매출액은 537억 원(+6% YoY), 영업이익은 8억 원(-38% YoY)을 전망한다. 장보고-3 프로젝트 내 6번째 잠수함에 적용되는 연료전지 모듈 계약이 지연되는 점을 추정에 반영했다. 하지만 연료전지 사업부가 고성장을 이룰 것으로 분석되는 2024년, 2025년에 주목한다. 장보고-3 프로젝트 연료전지 모듈 계약이 2023년 말 완료된다면, 진행 매출로 인식되기에

2024년에 실적 개선이 가능해질 것으로 분석된다. 장보고-3 프로젝트는 총 9처이 건조될 예정인데, 동사 제품은 이미 1~5번 잠수함에 적용 및 생산 중에 있다. 이러한 레퍼런스를 기반으로 남은 4척의 잠수함에도 제품이 적용될 가능성은 충분해 보인다. 현재 장보고-2 프로젝트 내 잠수함에는 독일 S사 연료전지가 적용되고 있는데, 이를 동사 제품으로 대체하기 위해 국산화 연구개발 중에 있다. 개발의 완료 시기는 2024년 하반기로 예상된다.

범한퓨얼셀의 잠수함용 수소연료전지	범한퓨얼셀 기술력 특징

자료: 범한퓨얼셀, 상상인증권   자료: 범한퓨얼셀, 상상인증권

제이엔케이히터

| 국내 유일 산업용 가열로 전문기업

제이엔케이히터는 산업용 가열로의 생산, 수소추출기 공급, 수소충전소 구축사업을 영위하고 있다. 2023년 2분기 매출 비중은 산업용 가열로 91%, 수소사업부 9%이다. 현대케미칼, 에스오일, SK에코플랜트, 삼성엔지니어링 등을 주요 고객사로 두고 있다. 2022년 매출액은 1,971억 원(+50% YoY), 영업이익은 69억 원(+431% YoY)을 기록했다. 2021년 대비 석유 및 EPC 시장이 활성화되었고 수소충전소의 수주가 증가했으며 일부 대형 프로젝트 완료로 매출 인식이 증가했다. 한편 2023년 2분기 매출액은 423억 원(-44% YoY), 영업이익은 17억 원(-76% YoY)을 기록했다. 수주분이 매출로 계상되지 못한 점이 실적 악화의 원인이었다. 다만 이러한 실적 악화가 수주 실적의 감소를 의미하지는 않는다. 2023년 2분 누적 수주 실적은 2022년 2분기 누적 수주 실적 대비 220% 증가했다.

| 안정적 캐시카우 + 수소충전소에 이어 수소 생산까지

제이엔케이히터의 2023년 매출액은 1,998억 원(+1% YoY), 영업이익은 82억 원(+19% YoY)을 전망한다. 현재 수소사업부가 호실적을 보이고 있지 않음에도 불구하고 산업용 가열로 사업부를 기반으로 안정적인 매출이 견인되고 있다는 점에 주목한다. 수소사업부는 적자가 지속되고 있는 상황이나, 2022년 기준 수소충전소 수주량 1위를 달성했다. 산업용 가열로 부문뿐만 아니라 수소사업부에서도 높은 M/S를 지니고 있다. 수소충전소의 경우 수소차 시장 개화 정도에 따라 실적이 변동되기 때문에 수소차 공급량 증가 시 높은 M/S를 기반으로 호실적을 기대할 수 있을 것으로 예상된다. 이에 더해 그간의 수소사업부에서는 수소충전소와 수소추출기를 패키지로 묶어 설계, 제조, 시공하는 것에 그쳤으나 수소를 생산하는 영역까지 사업을 확장할 예정이다. 이와 관련해 두 가지 사업을 추진 중이다. 첫 번째 사업의 경우 폐기물로부터 수소를 생산하는 사업이다. 2022년부터 투자를 진행하여 50톤의 폐기물로부터 약 5톤의 수소를 생산하는 패키지를 완성했고, 패키지 공급을 위해 지자체와 협의 중에 있다. 두 번째 사업은 충북 청주 내 탄소포집형 수소 생산기지를 구축하는 정책 프로젝트에 참여한 부분이다. 제이엔케이히터는 총 사업비 331억 원의 수소 생산기지 구축사업 공모에서 최종 선정되었다.

제이엔케이히터 상암충전소

자료: 제이엔케이히터, 상상인증권

제이엔케이히터 상암충전소 전경

자료: 제이엔케이히터, 상상인증권

일진하이솔루스

| 수소용기&매연저감장치 제조 전문기업

일진하이솔루스는 수소사업부(현대차향 수소용기)와 환경사업부(매연저감장치)를 영위한다. 2023년 2분기 매출 비중은 수소사업부 91%, 환경사업부 9%이다. 2022년 매출액은 1,091억 원(-7% YoY), 영업이익은 28억 원(-71% YoY)을 기록했다. 매연저감장치의 매출 감소와 탄소섬유 가격 인상으로 인한 원재료 비용 상승이 실적 감소의 원인이었다. 한편 2023년 2분기 매출액은 144억 원(-61% YoY), 영업이익은 -38억 원(적자전환 YoY)을 기록했다. 현대자동차의 수소 연료전지차인 NEXO의 판매 실적 감소로 인해 실적이 크게 감소되었다.

| 기술력은 충분하다, 승용이 어렵다면 상용으로

일진하이솔루스의 2023년 매출액은 817억 원(-25% YoY), 영업이익은 10억 원(-64% YoY)을 전망한다. 2022년 1~7월 현대자동차의 수소연료전지차 판매 대수가 6,102대인 것에 비해 2023년 판매대수는 3,662대(-40% YoY)인 점을 추정에 반영했다. 수소사업부의 매출 비중이 91%인 만큼 NEXO 판매대수에 매출 의존도가 높다. 하지만 이러한 실적 감소는 2023년 하반기부터 회복되기 시작해 2024년 호실적으로 이어질 것으로 기대된다. 그 이유는 ① 상반기 대비 하반기 현대의 수소 상용차(수소버스 등) 생산량이 급격히 증가해 수혜를 받을 전망이고, ② 정부의 2024년 보조금 예산안 또한 승용차보다는 상용차를 확충하는 방향으로 진행 중이기 때문이다. 일진하이솔루스에서 공급 중인 새로운 수소용기의 명칭은 타입4로, 200~300bar로 압축하는 기존의 방식과 달리 450~700bar로 압축해 더 많은 수소를 용기 내에 담을 수 있다. 타입4의 1회 운송량은 약 500kg으로 기존 제품의 1.67배에 달하는 운송량을 지니고 있다. 타입4 수소용기가 본격화되려면 수소 사용량에 있어 규모의 경제가 실현되어야 한다. 수소 사용량이 증가해 타입4 수소용기를 사용하는 것이 더욱 효율적이어야 기존 제품과의 판가 차이를 상쇄할 수 있기 때문이다. NEXO 판매대수는 감소 추세에 있으나 최근 정부는 2024년 수소 상용차 구매보조금 예산을 두 배로(2023년 1,620억 원 → 2024년 3,470억 원) 인상했다. 상용차향 수소 시장이 확대되고 있기에 규모의 경제 실현을 기대해볼 만하다.

일진하이솔루스 튜브트레일러

자료: 일진하이솔루스, 상상인증권

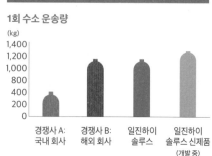

일진하이솔루스 기존 제품 대비 비교 자료

자료: 일진하이솔루스, 상상인증권

제9장

신성장산업

2024년 가장 주목해야 할 중소형 유망주 베스트 5

이소중 책임연구원

경기 침체가 우려될 때
선별적으로 종목을 잘 고르는 법

높은 물가와 고금리가 동반됨에 따라 경기 침체에 대한 우려가 확대되고 있다. 러시아-우크라이나 및 중동 전쟁으로 인해 유가의 움직임도 불안정하다. 이에 따라 신성장산업 팀에서 종목 선별 기준 두 가지를 제안한다. ① 지속적인 성장 가능성이 높다. ② 보수적으로 실적을 추정해도 저평가다. 선별 기준에 해당되는 중소형 유망주는 하이로닉, 티앤엘, 레이, 펨트론, 엑시콘이다.

① 지속적인 성장 가능성이 높다. 지속적인 성장 가능성이 높은 특정 요인이 있는 종목들로 선별했다. 해당 종목들은 신규 고객사 또는 새로운 사업 분야에서 초도 물량이 발생했으며 정황을 살펴봤을 때 2024년부터 지속적인 물량이 증가할 가능성이 높다. 경기 침체가 발생하더라도 아직 초도 물량

을 받고 있기 때문에 매출이 생각만큼 확대되지 못하더라도 증가할 여력은 있다. 이에 따라 다른 기업들 대비 지속적인 성장 가능성이 높을 것으로 판단한다.

② 보수적으로 실적을 추정해도 저평가다. 대부분 주식들은 P/E(시가총액/지배주주순이익) 멀티플 기준으로 평가를 받고 있으며, P/E 멀티플이 낮을수록 기업가치가 저평가받고 있는 것으로 해석된다. 선별된 유망주들에 대한 2024년 실적을 보수적으로 추정했을 때 경쟁사 또는 유사 기업들 대비 P/E 멀티플이 낮은 만큼 주가는 저평가 구간에 있다. P/E 멀티플이 낮아질수록 저가 매수세가 강해지는 만큼 다른 종목들 대비 주가에 대한 지지가 강할 것으로 판단한다.

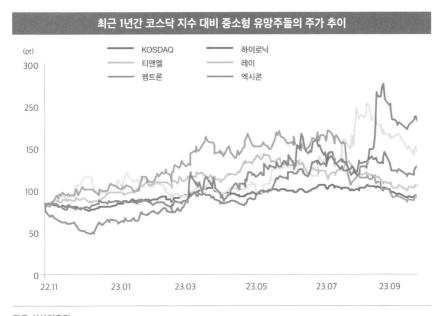

최근 1년간 코스닥 지수 대비 중소형 유망주들의 주가 추이

자료: 상상인증권

미용 의료기기
시장

ISAPS에 따르면 글로벌 비침습 미용성형 시술 시장에서 여전히 보툴리눔 톡신과 HA(히알루론산) 필러 시술 비중이 70%대에 육박한다. 최근 몇 년 전부터 리프팅 시술 '슈링크', '울쎄라' 등이 유행을 이어가고 있다. 최근 인기와 동반해 국내 비침습 미용 의료기기 업체들의 매출과 수익성은 몇 년간 크게 증가했고 주가도 배수로 상승했다. 한편 주식시장에서는 고점 논란이 있다. 하지만 놀랍게도 비침습 스킨 타이트닝, 지방 축소 등 국내 업체들이 집중하고 있는 시술들은 아직 각각 글로벌 비중의 4~5% 수준에 불과하다. 또한 국내 미용 의료기기 업체들의 수출이 확대되고 있는 상황인 만큼 아직 고점을 언급하기에는 이른 시점으로 생각된다.

국내 미용기기 업체들로 클래시스, 비올, 원텍, 제이시스메디칼, 이루다,

순위	비침습 시술	총합	비침습 시술 비중	2021년 시술 총합
	글로벌 비침습 미용성형 시술 비중(2022년 기준)			
1	Botulium Toxin	9,221,419	48.9%	7,312,616
2	Hyaluronic Acid	4,312,037	22.9%	5,279,344
3	Hair Removal	1,798,253	9.5%	1,836,111
4	Chemical Peel	844,616	4.5%	534,831
5	Non-Surgical Fat Peduction	778,716	4.1%	730,980
6	Non-Surgical Skin Tightening	734,257	3.9%	1,003,731
7	Cellulite Treatment	449,314	2.4%	379,224
8	Full Field Ablative	367,983	2.0%	231,955
9	Calcium Hydroxylapatite	350,716	1.9%	290,095
	비침습 시술 총합	18,857,311		17,598,888

자료: ISAPS, 상상인증권

하이로닉 등이 있으며, 주요 미용 의료기기들은 레이저, 고주파(RF), 초음파(HIFU) 에너지 기반으로 시술이 이뤄지고 있다. 차세대 기술로 고주파와 초음파가 주목받고 있다. 고주파는 미세한 탄력을 잡는 데 유리하며, 초음파는 전체적인 피부 처짐과 윤곽을 개선하는 데 차별점을 두고 있다. 고주파는 피부속 진피 조직에 열을 발생시켜 콜라겐 형성 반응을 일으킨다. 콜라겐의 수축과 변성 반응으로 인해 피부 주름 및 탄력 개선 효과가 나타난다. 초음파는 고주파보다 더 깊은 근막층까지 에너지를 전달해 늘어진 조직을 응고시켜 리프팅 효과를 나타낸다.

최근 몇 년간 국내 미용기기 업체들의 매출 성장과 기대감은 수출에서 발생했다. 국가별 비침습 미용성형 시술 점유율을 살펴보면 미국, 일본과 남미

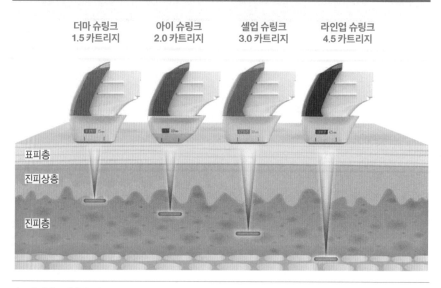

클래시스의 초음파(HIFU) 미용기기 슈링크, 피부 부위별에 맞게 깊이 조절

더마 슈링크
1.5 카트리지

아이 슈링크
2.0 카트리지

셀업 슈링크
3.0 카트리지

라인업 슈링크
4.5 카트리지

표피층

진피상층

진피층

자료: 클래시스, 상상인증권

가 상위권을 차지하고 있다. 2022년 기준 점유율은 미국 31%, 일본 11%, 브라질 5%, 멕시코 4% 등이다. 수출이 본격화된 클래시스, 원텍, 제이시스메디칼 등은 미국, 브라질 등에서 매출이 견고하게 발생 중이며, 하이로닉의 경우 2024년 상반기 내로 브라질 의료기기 인증을 획득할 것으로 기대한다.

순위	국가	침습 시술 총합	침습 시술 비율	비침습 시술 총합	비침습 시술 비율	시술 횟수	총비율
1	미국	1,645,435	11.0%	5,802,761	30.8%	7,448,196	22.0%
2	브라질	2,049,257	13.7%	971,294	5.2%	3,020,552	8.9%
3	일본	359,157	2.4%	2,100,169	11.11%	2,459,326	7.3%
4	멕시코	938,096	6.3%	755,229	4.0%	1,693,325	5.0%
5	튀르키예	470,875	3.1%	626,179	3.3%	1,097,054	3.2%
6	독일	461,130	3.1%	571,661	3.0%	1,032,791	3.0%
7	아르헨티나	461,589	3.1%	554,929	2.9%	1,016,517	2.2%
8	이탈리아	262,556	1.8%	484,834	2.6%	747,391	2.2%
9	콜롬비아	466,453	3.1%	266,330	1.4%	732,783	2.1%
10	인도	387,767	2.6%	324,155	1.7%	711,922	

국가별 비침습 미용성형 시술 점유율: 미국, 일본, 브라질 Top3(2022년 기준)

자료: ISAPS, 상상인증권

치과용 의료기기
시장

    국내 치과용 의료기기 업체들의 주 사업은 임플란트와 방사선 촬영 장치 중심으로 이뤄져 있다. 글로벌 치과용 임플란트 시장 규모는 약 8조 원, 치과용 방사선 촬영 장치 시장 규모는 약 5조 원이며 매년 확대되고 있다. 국내 시장은 성숙 단계에 접어들었으나, 국내 업체들이 본격적으로 진출하기 시작한 중국 시장은 초기 단계다. 중국 인구수는 14억 명으로 국내 대비 28배인데, 중국 임플란트 시장 규모는 국내 시장보다 2~3배에 불과한 것으로 파악된다. 이에 따라 중국 전반적인 치과 시장은 매년 30% 이상 성장할 것으로 기대되고 있는 상황이다.

    중국 시장에서 국내 임플란트 및 촬영장치 전문업체들이 사업을 원활하게 영위 중이다. 국내 임플란트 업체 중 오스템임플란트, 덴티움이 중국 시장에서 높은 점유율을 차지하고 있다. 한편 촬영장치 전문업체 중 바텍과 레이는 CT, 스캔 장비 등을 판매 중이다. 2022년 9월부터 중국 정부는 임플란트 시술 비용을 낮추기 위해 VBP 정책을 시행했다. VBP 정책은 임플란트 가격을 정부가 주도해 낮추는 '중앙집중식 구매'다. 임플란트 가격이 낮아져 임플란트 업체들이 타격을 입을 것으로 우려됐으나, 임플란트 시술 단가가 낮아짐에 따라 수요 증대가 가격 하락을 상쇄시키고 있다. 한편 임플란트 시술을 하기 위해 CT와 스캔 장비들이 필요한 만큼 장비에 대한 수요가 높아지고 있다. 장비의 가격은 유지되는 선에서 수요가 증가할 것으로 예상되는 바텍, 레이 등 촬영 장치 전문업체들이 비교적 많은 수혜를 입을 것으로 기대된다.

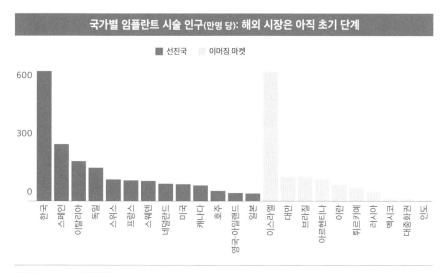

자료: Straumann, 상상인증권

기업 분석

하이로닉

┃ 선별 기준 1: 지속적인 성장 가능성이 높다

하이로닉은 피부 미용 의료기기 전문업체다. 주요 제품은 피부과에서 사용되는 리프팅 장비 V-RO다. 매출이 국내와 중화권에 국한돼 있었지만, 2023년 상반기부터 유럽향 수출이 본격화되면서 호실적을 기록했다. 한편 집에서 사용 가능한 홈 뷰티기기 사업도 국내 중심으로 영위 중인데, 2023년 8월에 1회성으로 생각한 중국 대형 고객사향 홈 뷰티기기 물량이 빠르게 소진되면서 현재 4차 수주까지 발생했다. 2024년부터 신제품 출시에 따라 수주물량이 증가할 것으로 기대된다.

| 선별 기준 2: 보수적으로 실적을 추정해도 저평가

하이로닉의 2024년 P/E 멀티플은 8배로 유사 업체인 클래시스, 원테, 비올 등의 평균 P/E 멀티플 17배 대비 크게 저평가받고 있다. 2024년 국내 매출은 전년 대비 5% 증가, 해외는 전년 대비 10% 증가한다고 보수적으로 추정했다. 2023년 상반기부터 유럽 유통상 계약이 다수 체결되고 국내향 중국 단체관광이 허용되어 추정치를 상회할 가능성이 높다. 한편 중국향 홈 뷰티 기기의 경우 4차 물량까지 나온 추세 수준으로 2024년 연간 물량을 추정했으나, 중국 고객사의 1만여 개 매장·대리점 중 점포당 매월 1대씩 판매할 경우 현 추정치의 3배 이상을 기록할 것으로 예상한다.

하이로닉 리프팅 의료기기: V-RO

자료: 하이로닉, 상상인증권

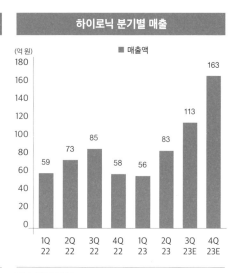

하이로닉 분기별 매출

자료: 상상인증권

티앤엘

| 선별 기준 1: 지속적인 성장 가능성이 높다

티앤엘은 트러블케어(여드름) 패치 중심의 상처 치료제 전문업체다. 판매 중인 습윤 드레싱제는 상처 보호, 오염 방지, 삼출액 흡수가 가능한 기능성 제품이다. 2007년 국내 최초 하이드로 콜로이드 드레싱제를 개발해 국내 제약사들로 제품을 공급했으며, 주요 품목인 트러블케어 패치의 경우 국내 2015년, 미국 2018년에 출시됐다. 국내 시장에서 티앤엘의 트러블케어 시장점유율은 약 70%로 파악되며, 미국의 경우 아직 초기 시장이다. 동사의 북미 핵심 고객사 히어로 코스메틱스는 아마존 중심의 온라인 유통망에 국한돼 있었으나 2022년 10월에 글로벌 소비재 기업 C&D(처치앤드와이트)에 인수되고 오프라인 유통망이 크게 확대됨에 따라 2023년 상반기 수출액이 전년 동기 대비 2배 이상 증가했다. 아직 C&D 유통망의 일부에만 판매되고 있어 점진적인 북미 시장점유율 확대가 기대된다. 또한 2023년 7월부터 히어로 코스메틱스가 동사의 제품 '마이티 패치'를 유럽에 출시한 만큼 2024년에도 성장률이 높게 발생할 것으로 판단한다.

| 선별 기준 2: 보수적으로 실적을 추정해도 저평가

티앤엘의 2024년 P/E 멀티플은 8배로 유사 업체인 원바이오젠, C&D의 평균 P/E 멀티플 15배 대비 크게 저평가받고 있다. 아직 C&D 글로벌 유통망의 일부에만 출시된 만큼 지속적인 성장이 가능하다. C&D 유통망에 전부 출시되는 시점을 4~5년으로 가정했는데, 티앤엘 제품에 대한 C&D이 적극적인 스탠스와 미국, 유럽 트러블케어 시장이 초기 단계라는 점에서 유통망 점유율이 예상보다 빠르게 이뤄질 가능성이 있다.

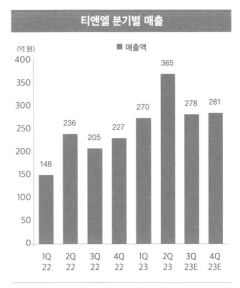

티앤엘 트러블케어(여드름 중심) 패치

자료: 티앤엘, 상상인증권

티앤엘 분기별 매출

자료: 상상인증권

레이

▎ 선별 기준 1: 지속적인 성장 가능성이 높다

레이는 치과용 디지털 진단기기 전문업체다. 주요 장비는 CT 및 구강 스캐너이며, 소프트웨어와 3D 프린터를 장비에 연동해 디지털 솔루션을 제공 중이다. 2023년 6월 북미 서부 지역 거래선을 대형 딜러로 변경해 2024년 1분기부터 기존 거래선 물량을 상회하는 북미 실적이 기대된다. 한편 중국 치과 시장은 초기 단계이며, 정부의 VBP 정책에 따라 임플란트 시술에 대한 수요가 증가해 레이의 디지털 진단 장비에 대한 매출이 지속적으로 증가할 전망이다.

▎ 선별 기준 2: 보수적으로 실적을 추정해도 저평가

레이의 2024년 P/E 멀티플은 15배로 유사 업체인 덴티움, 스트라우만(Straumann)의 평균 P/E 멀티플 22배 대비 저평가받고 있다. 국가별 매출 비중이 제일 높은 중국의 2024년 매출 성장률 40%로 감안했으나, 2023년 경기 둔화 및 코로나19 이슈로 인해 중국 지역 실적이 좋지 않았다는 점을 감안할 필요성이 있다. 또한 치과용으로 판매 중인 신제품 레이페이스의 미용 시장 진출에 대한 부분은 추정치에 포함하지 않았다.

레이의 장비들은 중국, 미국, 한국, 일본, 유럽, 대만 중심으로 판매되고 있으며, 이 중 중국과 한국 지역이 성장을 견인할 것으로 판단한다. 한국의 치과 시장은 성숙기 단계에 있으며, 의사들의 수술 실력이 상위권에 드는 만큼 디지털 솔루션에 대한 니즈가 낮아 침투율이 1% 수준에 그쳤다. 하지만 치과용 장비 교체주기는 7~10년으로 주기가 긴 상황에서 글로벌 트렌드가 디지털 솔루션으로 넘어가는 만큼 국내 치과에서도 니즈가 발생하고 있으며 매출 비중은 2021년 5%에서 2022년 17%로 올라왔다. 한편 매출 비중의 제일 큰 부분을 차지 중인 중국에서 VBP 정책이 시행되어 임플란트 수술을 처음으로 시작해야 하는 치과들이 생기면서 진단부터 치료 계획까지 지원해주고 교육 기간이 비교적 짧은 디지털 솔루션에 대한 니즈가 확대되고 있다.

레이 주요 진단기기 RAYSCAN

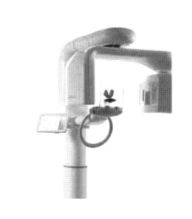

자료: 레이, 상상인증권

레이 분기별 매출

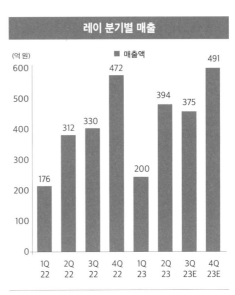

자료: 상상인증권

펨트론

| 선별 기준 1: 지속적인 성장 가능성이 높다

기존 SMT(회로기판) 검사장비에서 반도체와 2차전지 검사장비로 사업 영역이 확대되고 있다. 동사는 웨이퍼 패턴, 패키지, 메모리 모듈에 대한 반도체 검사장비(후공정)를 국산화해 OSAT(패키징 외주기업) H사 중심으로 중소형 반도체사로 최종 공급하고 있으며, 연간 매출액 약 150억 원이 기대된다.

2023년 9월 국내 대형 반도체 S사로부터 패키징 검사장비에 대한 PO(Purchase Order)를 받았으며 2024년부터는 H사로도 검사장비 납품이 개시될 것으로 판단한다. 한편 L사향으로 2차전지 검사장비에 대한 수주도 2024년 상반기 내로 기대된다.

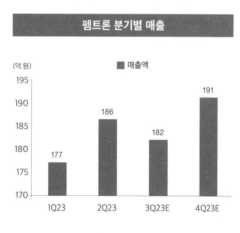

펨트론 주요 검사장비		
주요 사업	SMT 검사장비	·납도포상태 검사장비 ·부품실장상태 검사장비(MOI) ·장착부품 검사장비(AOI)
	반도체 검사장비	·Wafer 검사장비 ·Wire Bonding 검사장비 ·Package 검사장비 ·Memory Module 검사장비
	2차전지 검사장비	· Lead Tab 제조 및 검사장비

자료: 펨트론, 상상인증권

펨트론 분기별 매출

(억 원) ■ 매출액

1Q23	2Q23	3Q23E	4Q23E
177	186	182	191

자료: 상상인증권

| 선별 기준 2: 보수적으로 실적을 추정해도 저평가

펜트론이 2024년 P/E 멀티플은 12배로 유사 업체인 고영, 인텍플러스외 평균 P/E 멀티플 22배 대비 크게 저평가받고 있다. 2024년 SMT 검사장비 매출 성장률 10%대로 추정했으나 현재 논의 중인 계약들이 다수이며 자연 매출 성장 수준만 감안했다. 반도체 검사장비의 S사향 매출은 추정치에 포함하지 않았다. 또한 2024년 H사향 매출은 시장 기대감 수준에서 크게 하회하는 수치로 추정했다.

SMT 검사장비는 PCB에 납이 도포된 상태 및 실장된 부품의 상태를 검사하며, 전방산업 중 자동차 비중이 50%를 상회한 만큼 지속적인 수요가 기대된다. 동사는 2022년 4분기부터 PCB 상·하면을 동시에 검사하는 장비를 출시해 비용 절감 및 검사 속도가 향상되어 기존 고객사 점유율 확대 및 신규 고객사가 확대되고 있다.

엑시콘

| 선별 기준 1: 지속적인 성장 가능성이 높다

엑시콘은 삼성전자 중심으로 후공정 메모리 검사장비 사업을 영위 중이다. 향후 기존 메모리 검사장비에서 비메모리 분야로 확대될 가능성이 높으며, 2026년부터 비메모리 검사장비 매출은 기존 메모리 검사장비 매출을 상회할 것으로 예상한다. CIS(CMOS Image Sensor) 비메모리 검사장비 PO(purchase order)와 DDI(Display Driver IC) 검사 장비 개발이 2024년 상반기 내로 기대되며, 2024년 하반기부터 CIS, DDI 장비를 공급할 계획이다. 신규 매출로 반영되는 만큼 2024년 하반기부터 실적 성장이 가파르게 높아질 것으로 기대한다.

┃ 선별 기준 2: 보수적으로 실적을 추정해도 저평가

엑시콘의 2025년 P/E 멀티플은 7배로 유사 업체인 어드반테스트의 P/E 멀티플 25배 대비 크게 저평가받고 있다. 동사에서 기대 중인 비메모리 검사 장비 매출의 하단을 추정치에 반영했다. 이외 메모리 검사장비는 삼성전자 외 H사에 일부 납품돼 있는 만큼 신규 고객사 확대도 가능한 상황이다. 한

엑시콘 SSD 검사장비 'SST 32K Series'	엑시콘 분기별 매출

자료: 엑시콘, 상상인증권

자료: 상상인증권

편 어드반테스트의 비메모리 검사장비 중심으로 동사의 신규 장비들이 국산 화하는 과정이며, 고객사에서는 장비 공급처가 확대되고, 장비의 가격이 낮아지는 부분을 선호하는 상황이다. 이에 따라 엑시콘의 장비에 대한 수요가 예상보다 높을 가능성도 염두에 둘 필요성이 있다.

2024

9대 테마 투자 트렌드

1판 1쇄 인쇄 2024년 1월 8일
1판 1쇄 발행 2024년 1월 15일

지은이 상상인증권 리서치센터
펴낸이 김기옥

경제경영팀장 모민원
기획 편집 변호이, 박지선
마케팅 박진모
경영지원 고광현
제작 김형식

표지·본문 디자인 푸른나무디자인
인쇄·제본 민언프린텍

펴낸곳 한스미디어(한즈미디어(주))
주소 04037 서울특별시 마포구 양화로 11길 13(서교동, 강원빌딩 5층)
전화 02-707-0337 | **팩스** 02-707-0198 | **홈페이지** www.hansmedia.com
출판신고번호 제 313-2003-227호 | **신고일자** 2003년 6월 25일

ISBN 979-11-93712-02-3 (13320)